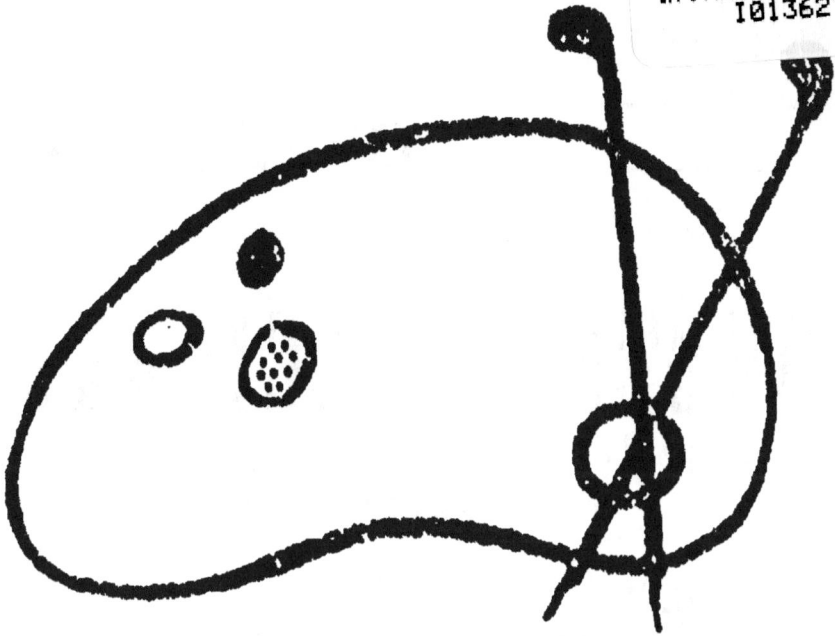

Début d'une série de documents
en couleur

[T]RES GRECQUES

DU

RHÉTEUR ALCIPHRON

TRADUITES EN FRANÇAIS

par

STÉPHANE DE ROUVILLE

TROISIÈME ÉDITION

PARIS

ROUQUETTE, PASSAGE CHOISEUL.

MDCCCLXXIV

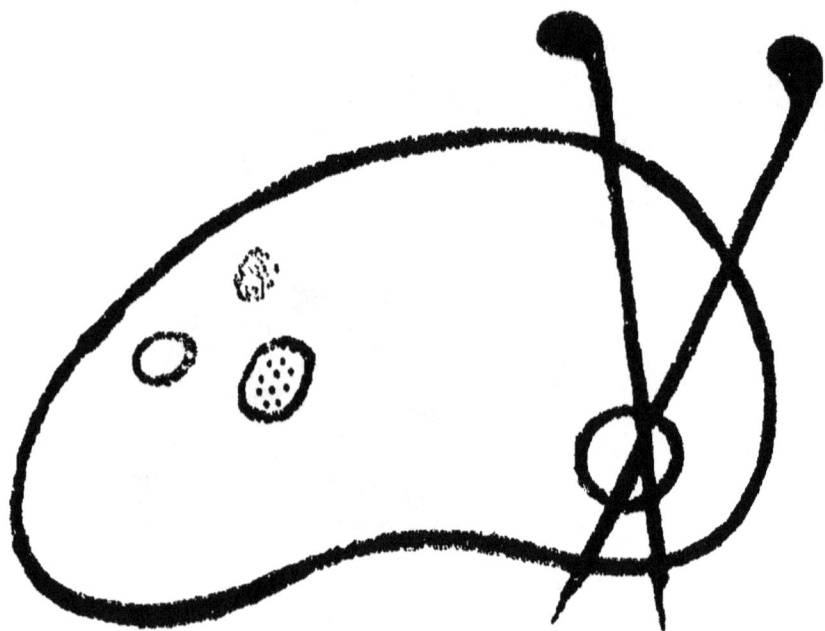

Fin d'une série de documents
en couleur

LETTRES GRECQUES

DU

RHÉTEUR ALCIPHRON

Typographie de couleur

LETTRES GRECQUES

DU

RHÉTEUR ALCIPHRON

TRADUITES EN FRANÇAIS

par

STÉPHANE DE ROUVILLE

Nil novi sub sole.

TROISIÈME ÉDITION

PARIS

ROUQUETTE, PASSAGE CHOISEUL.

—

MDCCCLXXIV

LETTRES GRECQUES

DU

RHÉTEUR ALCIPHRON

LIVRE PREMIER

I

Eudius à Philoscaphe.

HEUREUSEMENT pour nous la mer a repris sa
sérénité. La tempête durait depuis trois
jours, grâce à Borée qui avait soufflé un vent
terrible des promontoires. Quel aspect effrayant!
Les flots sombres, soulevés violemment, se blan-
chissaient d'écume; partout les lames se bri-
saient entre elles : les unes se heurtaient aux
rochers, les autres éclataient avec fracas. Tout
travail était impossible. Réfugiés dans des ca-
banes du rivage, nous ne songions qu'à ra-

masser quelques débris de chêne oubliés par les charpentiers et à allumer du feu pour vaincre l'âpreté du froid. Le quatrième jour, qu'on pourrait appeler une journée d'alcyon, à cause de la pureté de l'air, est venu nous apporter la richesse. Au lever du soleil, lorsque ses premiers rayons ont brillé sur la mer, nous avons lancé notre barque qui était à sec, et nous nous sommes mis à l'œuvre avec nos filets. Nous les avons jetés non loin de la côte. Quelle abondance! Que de poissons pris! Les liéges des filets disparaissaient presque sous l'eau, entraînés par le poids. Aussitôt, les pourvoyeurs qui se trouvaient là achetèrent la pêche argent comptant. Ils suspendirent des corbeilles sur leurs épaules et se dirigèrent du port de Phalères vers la ville. Nous les avons tous contentés, et même, nous avons rapporté beaucoup de fretin à nos femmes et à nos enfants pour les nourrir plusieurs jours, si la tempête recommence.

II

Galénus à Cyrton.

C'EST en vain que nous travaillons, Cyrton, brûlés le jour par l'ardeur du soleil, fouillant la nuit les profondeurs de la mer, à la lueur des torches. Nous versons, comme on dit, nos amphores dans le tonneau des Danaïdes, tant nous nous fatiguons inutilement. Nous n'avons pas même pour manger les orties de mer et les pélores : le maître veut la pêche et l'argent. Cela ne lui suffit pas, il visite continuellement la barque. Dernièrement, nous lui avons envoyé de Munychie la provision par Hermon, l'adolescent que tu connais. Il nous a commandé bien vite des éponges et des laines marines qui croissent en petite quantité dans l'étang d'Eurynome. Il n'avait pas encore tant exigé ; aussi, Hermon, quittant la charge, les poissons et l'équipage, s'est-il enfui sur une chaloupe à rames, après s'être abouché avec des teinturiers rhodiens. Le maître perd ainsi un esclave, et nous un fidèle compagnon.

III

Glaucus à Galatée.

Heureux séjour que la terre ! L'agriculture est sans danger. Les Athéniens la nomment avec raison *bienfaisante*, parce qu'en effet ses dons protégent la vie et la santé. La mer n'est que périlleuse et la navigation semée d'aventures. J'en juge sainement, instruit par l'usage et l'expérience. Je me rappelle qu'une fois, voulant vendre du poisson, j'entendis, parmi ceux qui fréquentent pieds nus les Portiques, un homme au teint livide, débiter des strophes et déclamer contre la folie des marins. Il disait que ces vers étaient de l'astronome Aratus. Autant que je puis me souvenir, car je ne saurais tout répéter, il y avait ceci :

Une frêle cloison sépare du trépas.

Pourquoi donc, femme, ne pas devenir sage? Il est encore temps de fuir le voisinage de la mort et d'en préserver nos enfants. Si la misère nous empêche de leur laisser l'aisance, ils nous devront du moins un avantage : celui d'ignorer les tempêtes et les risques de la mer; en demandant aux champs leur nourriture, ils auront désormais des jours tranquilles, à l'abri de toute crainte.

IV

Cymothus à Tritonis.

LA terre et l'onde ne se ressemblent pas; il en est de même de nous avec les habitants des villes ou des bourgs. En effet, ceux qui demeurent au milieu des murs, prennent part aux affaires publiques, et ceux qui sont dans les campagnes, vivent par l'agriculture. Notre existence est bien différente. Elle se passe entièrement sur l'eau, et la terre nous est aussi insupportable qu'aux poissons, qui ne peuvent respirer l'air. Comment se fait-il donc alors, chère Tritonis, que tu abandonnes le rivage et les filets afin de courir à la ville aux fêtes de Bacchus, avec les femmes riches d'Athènes? Voilà qui manque de prudence et de jugement.

Ce n'est pas pour cela que ton père t'a élevée dans Egine et qu'il t'a donnée à moi. Si tu aimes la ville, adieu, pars; si tu préfères la mer, reviens vers ton mari; c'est encore le meilleur parti. Mais avant tout, oublie à jamais ces vains spectacles de la cité.

V

Naubatès à Rhodius.

Tu crois posséder la richesse, parce que tu attires mes matelots avec l'offre d'un salaire supérieur. Il n'y a rien d'extraordinaire, puisque dernièrement un coup de filet t'a rapporté des dariques d'or. C'était probablement un reste de la bataille de Salamine; car il se perdit là corps et biens un vaisseau perse, à l'époque où Thémistocle, fils de Néoclès, éleva son grand trophée sur les Mèdes. Moi, je n'ai pas tant d'ambition, je me contente du nécessaire produit par mon travail, sans causer de tort à personne. Toi, si tu es riche, songe à l'équité. La fortune ne doit point servir à faire des injustices, mais de bonnes actions.

VI

Panope à Eutybolus.

Tu n'as épousé en moi, Eutybolus, ni une
femme vile ni la première venue, mais la
fille d'honnêtes parents. Sosthène de Stiria est
mon père, et Damophyle, ma mère. J'étais leur
unique héritière, ils ont pourtant consenti à
nous unir, dans l'espoir d'une postérité légitime. Cela ne t'empêche pas d'être léger, in-
constant, enclin à toutes les voluptés; tu me
méprises ainsi que notre fils Thessalion et sa
sœur Galéné; tu aimes cette étrangère d'Hermione que le Pirée a recueillie, pour le malheur
des époux. La jeunesse d'alentour vient faire
des orgies chez elle, chacun lui apporte son
présent : elle accepte tout et dévore autant que
Charybde. Quant à toi, plus généreux qu'un
pêcheur, tu ne donnes ni mulets ni anchois ;
tu es vieux, marié depuis longtemps et père
d'enfants déjà grands, tu veux écarter tes rivaux :
tu envoies alors des résilles milésiennes, une
tunique de Sicile et de l'or. Renonce à cet

orgueil, à la débauche, à l'amour des femmes; ou, sache-le bien, je me retirerai auprès de mon père qui me défendra et t'appellera devant les juges pour tes méfaits.

VII

Thalassus à Pontius.

Je t'ai adressé une plie, un mulet, une sole et trente-cinq murex; envoie-moi deux rames, j'ai cassé les miennes. Comme dans l'amitié, il n'y a que des échanges, on peut demander quelque chose avec assurance; c'est faire voir qu'entre amis tout est commun.

VIII

Eucolymbus à Glaucé.

Celui qui doute, recherche le jugement des gens avisés. J'aurais donc dû te consulter, chère femme; mais je n'osais pas, tant j'étais préoccupé. Je me décide enfin à parler et je te prie de m'indiquer le meilleur parti. Tu vas apprendre la situation; prononce la sentence. Nos affaires sont, comme tu sais, très embarrassées, et notre vie plus que médiocre; la pêche suffit à peine au nécessaire. Cette barque, qu'on aperçoit garnie de rames et de matelots, est un bateau corycien, monté par des pirates. Ils veulent m'associer à leurs aventures et me promettent d'immenses richesses. Je brûle de posséder cet or avec ces beaux vêtements qu'ils font briller à mes yeux; mais je n'ai point le cœur de devenir meurtrier, je ne puis souiller de sang ces mains que la mer a, depuis mon enfance, conservées pures de tout crime. Cependant, il est bien dur de vivre éternellement en compagnie de la misère. C'est à toi de choisir après avoir pesé les choses, chère Glaucé; de quelque côté que tu fasses pencher la balance, je te suivrai, car l'amitié qui conseille met fin à l'indécision.

IX

Egialée à Struthion,

QUE ne suis-je aux îles Fortunées ! Rien ne me réussit. Mes affaires vont, comme dit le proverbe, à la façon de Mandrabule. Quel triste sort ! toujours trafiquer avec de la vile monnaie sur les nécessités de la vie ! Veux-tu, cher Struthion, associer tes efforts aux miens ? Nous partagerons le fruit de mon travail et les profits de la mer. Il s'agirait de m'introduire chez des hommes opulents, comme Erasiclès de Sphettion ou Philostrate de Cholarge, afin de pouvoir vendre directement le poisson de mes paniers. J'aurais ainsi une meilleure rétribution et, en outre, j'espère bien par ton entremise obtenir quelque argent, quand on fêtera dans leurs maisons les Dionysiaques ou les Apaturies. J'y vois enfin le moyen d'échapper aux inspecteurs du marché, qui, pour se procurer du gain, accablent le monde d'injustices et de procès. Vous autres parasites, vous avez la réputation d'influencer la jeunesse et les riches, je compte alors sur toi.

X

Céphale à Pontius.

Partout les vagues se soulèvent, le ciel s'assombrit, les nuages s'amoncellent; les vents déchaînés annoncent avec fracas un bouleversement extraordinaire. Les dauphins, qui sautillent au milieu des flots agités, indiquent l'approche de la tempête. Au dire des astronomes, on subit le lever du Taureau. Il n'arrivera donc rien aux gens prévoyants qui savent éviter le danger; mais il en est qui, forcés de s'exposer aux orages, ont dû abandonner le gouvernail au hasard et périr victimes de leur impuissance. Voilà pourquoi nous apprenons que des malheureux emportés par le courant vers le promontoire de Malée, dans le détroit de Sicile ou la mer de Lycie, se sont brisés contre les rochers ou ont été submergés. Le Capharée n'est pas moins fertile en tourmentes et en périls. Aussi, après l'apaisement de la bourrasque, lorsque l'air aura repris sa pureté, j'irai explorer le littoral. Peut-être y découvrirai-je le cadavre d'un naufragé? Je lui rendrai les honneurs de la sépulture. C'est une bonne action qui aura toujours sa récompense. N'est-elle point déjà dans le contentement de la conscience, qui soutient le cœur de l'homme et épanouit son âme? Y a-t-il, en effet, une plus vive satisfaction que celle du devoir accompli envers des compatriotes qui ne sont plus?

XI

Thynnée à Scopelus.

Tu sais la grande nouvelle, Scopelus? Les Athéniens songent à envoyer la flotte au large, pour un combat naval. Déjà la galère *Paralienne* et la *Salaminienne*, les plus rapides de leurs vaisseaux, ont quitté le rivage, emportant les commissaires qui doivent organiser l'expédition et choisir le moment favorable. Le reste des navires destinés au transport des troupes exige de nombreux rameurs habitués à affronter les vents et les flots. Ami, quel parti prendre? Fuir ou rester? Partout, depuis le Pyrée, Phalères et Sunium, jusqu'à Géreste, on enrôle les marins. Que devenir? Élevés loin des luttes populaires, comment pourrions-nous supporter la discipline et attaquer des gens armés? Nous avons une femme, des enfants; il faut choisir entre deux extrémités : fuir ou s'exposer au glaive et à la tempête. Rester, c'est dangereux. La fuite me semble plus avantageuse.

XII

Nausibius à Prymnée.

J'IGNORAIS encore le luxe et la délicatesse des fils de nos Athéniens. Mais dernièrement Pamphile et quelques amis ayant loué ma barque pour se promener et pêcher avec nous, j'ai vu combien la jeunesse cherche le raffinement dans tous les endroits du monde. A peine entré, Pamphile voulut éviter le bois du bateau; il fit garnir les bancs de tapis rares et de couvertures, disant qu'il ne pouvait se coucher sur des planches. Elles lui paraissaient sans doute plus dures que la pierre. Il nous demanda ensuite de lui procurer de l'ombre, en étendant les voiles au-dessus de l'embarcation, parce que les rayons du soleil l'incommodaient. Quel contraste avec notre genre de vie! Ceux qui ne possèdent pas de richesses, recherchent plutôt la chaleur. Le froid et la mer ne vont-ils point ensemble? Il est vrai que Pamphile n'avait pas amené seulement ses amis; il était accompagné aussi de femmes ravissantes, toutes artistes. L'une s'appelait Crumation, elle jouait de la flûte; l'autre, Erato, pinçait de la harpe; Evépès frappait des cymbales. La musique retentissait sur notre esquif, le rivage renvoyait des échos mélodieux, tout respirait la gaieté. Moi, je partageais peu ces ébats, car je voyais des envieux parmi nous, surtout l'affreux Glaucias, dont l'odieuse jalousie me révoltait. Mais, après avoir reçu une large rétribution, l'argent m'a rendu la joie. Et maintenant, j'aime tant ces parties de plaisir sur mer, que je voudrais toujours en faire avec des hommes opulents et généreux.

XIII

Auchénius à Arménius.

Sɪ tu peux m'aider, dis-le-moi franchement, mais ne parle de mes affaires à personne. Si tes moyens ne le permettent pas, sois encore plus discret qu'un juge de l'Aréopage. En attendant, voici la chose : L'amour envahit mon cœur. Il ne me laisse ni raison ni sagesse. Tout a succombé devant sa puissance. Comment s'est-il jeté sur un malheureux qui se contentait naguère de travailler pour vivre? Je l'ignore. J'ai maintenant un maître qui ne me quitte pas, et je brûle comme les jeunes gens riches et beaux. Moi, qui riais autrefois de ceux que la mollesse rend esclaves de leurs désirs, je suis entièrement possédé par la passion, je songe à une épouse, j'invoque Hyménée, fils de Terpsichore ! C'est une enfant que j'aime. Ses parents sont étrangers; la destinée les a conduits, je ne sais pourquoi, d'Hermione au Pirée. Mais je n'ai point de dot à leur offrir. Je compte cependant me présenter

comme je suis, en simple pêcheur. A moins
que le père ne soit par trop glorieux de sa fille,
j'espère passer pour un parti convenable.

XIV

Encymon à Halictype.

Sur le rivage de Sunium, j'ai remarqué un
filet déchiré, abandonné au hasard. On voit
qu'un poids trop lourd l'a mis dans cet état;
mais il porte aussi des traces de vétusté. Après
quelques recherches, j'ai appris qu'il t'avait ap-
partenu il y a quatre ans, et qu'une pierre
l'ayant accroché sous l'eau, il s'était rompu par
le milieu des mailles; il paraît que depuis lors
tu n'as voulu ni le raccommoder ni l'emporter,
et qu'il est resté là, respecté des voisins, comme
n'étant pas leur propriété. Ce filet est devenu
maintenant un objet étranger, non-seulement
pour eux, mais pour toi qui en étais jadis le
maître. Je viens donc te le demander, bien que
le temps et ta négligence t'en aient retiré la
possession. Tu peux me livrer, sans regret, ce
que tu as voué à la destruction.

XV

Halictype à Encymon.

L'ŒIL du voisin est envieux et malin, dit le proverbe. Que te font mes affaires? De quel droit, des choses, qu'il me plaît de négliger, doivent-elles t'appartenir? Retiens tes mains ou plutôt tes désirs, et que la convoitise ne t'inspire pas d'injustices.

XVI

Encymon à Halictype.

JE n'ai point réclamé des objets que tu possèdes, mais que tu abandonnes. Puisque tu ne veux les laisser à personne, conserve ce que tu n'as pas.

XVII

Eusagène à Liménarque.

Tu connais le Lesbien qui guette le passage des poissons. Je lui souhaite d'être mangé par les corbeaux. Il a vu la mer s'agiter et s'obscurcir au loin; ne s'est-il pas mis à crier, comme s'il apercevait une troupe de thons. Sur cette belle assurance, nous nous sommes empressés de barrer presque tout le golfe avec des filets; nous les avons ensuite tirés, mais le poids était plus lourd que dans une pêche habituelle. Pleins d'espoir, nous excitons les voisins, nous leur promettons une part du butin, s'ils veulent nous secourir et partager nos travaux. Ils se décident. Enfin, après mille précautions, à la nuit tombante, on ramène, quoi... un énorme chameau, déjà en putréfaction et grouillant de vers. Je te raconte un pareil exploit non pour te faire rire, mais afin que tu saches combien la fortune accable un malheureux.

XVIII

Euploüs à Thalasseros.

EST-CE de la débauche ou du délire? On dit que tu raffoles d'une chanteuse et que, pour satisfaire ta passion, tu lui prodigues ton gain de chaque jour. J'ai tout appris par Sosie, le meilleur de nos voisins, celui qui a la réputation de ne jamais mentir et de bien accommoder les poissons. D'où te vient donc la notion de la musique et de l'harmonie? Pourquoi étudier les genres diatonique et chromatique? Tu vois, je suis au courant. Ainsi, tu es épris à la fois des formes de l'enfant et de ses mélodies? Cesse de telles extravagances. Sinon, ce n'est plus en mer que tu feras naufrage, mais sur terre. Tu t'y perdras corps et biens. Prends garde à cette sirène. Qu'elle ne devienne point pour toi aussi dangereuse que le golfe de Calydonie, la mer Tyrrhénienne ou l'enchanteresse Scylla. Si elle continuait à te poursuivre, tu ne pourrais même pas invoquer Cratéis.

XIX

Thalasseros à Euploüs.

TES exhortations sont inutiles, Euploüs. Rien ne me détachera de cette jeune fille, maintenant que je suis initié aux mystères du Dieu, qui lance des traits enflammés. D'ailleurs l'amour, pour nous, est chose si naturelle. Une déesse sortant de l'onde, n'a-t-elle pas enfanté Cupidon? L'Amour, par sa mère, est donc notre parent. Il m'a fait, malgré cela, une blessure au cœur. Mais, lorsque je tiens ma bien-aimée sur le rivage, il me semble obtenir les faveurs de Panope ou de Galatée, les plus belles des Néréides.

XX

Thermolépire à Ocimon.

C'EST une indignité! Pendant qu'on servait aux convives des tétines et des vulves de truie avec un excellent foie gras, nous n'avions que de la purée. Tous buvaient du Chalybon et nous du vin tourné. Dieux et démons qui réglez nos destinées, réparez les injustices de la fortune ! Pourquoi donner le bonheur aux uns et rendre les autres victimes de la faim ? Le sort, il est vrai, a réduit l'humanité à de tristes nécessités. Mais il pourrait exercer moins de rigueur contre nous ; notre vie n'est que misère.

XXI

Conoposphrantès à Ischoline.

JE m'étais fait des illusions sur le jeune Polycrite. Je pensais qu'après la mort de son père, il dépenserait son héritage avec nous, dans les festins, les plaisirs de tout genre, en compagnie de belles courtisanes, et que sa fortune y passerait, du moins en grande partie. Quelle erreur ! Criton n'existe plus, et son fils ne prend qu'un seul repas avant le coucher du soleil. Il ne mange rien de recherché, mais du pain ordinaire et quelques ragoûts; les jours de fête, il ajoute des olives vertes et de simples fruits. Déçu dans mes chères espérances, je ne sais que devenir. Car, si celui qui me reçoit a besoin lui-même d'invitations, comment se nourrir? Avoir faim et s'associer à un affamé, c'est être doublement malheureux.

XXII

Eubule à Gémellus.

On nous avait apporté un de ces gâteaux qui tirent leur nom de Gélon de Sicile. Rien qu'à le voir, je me réjouissais de pouvoir bientôt le savourer. Le moment en fut d'abord différé par la distribution des friandises qui entouraient la pâtisserie, et qui se composaient de pistaches, d'amandes et de noix. Moi, je regardais cela de travers; j'attendais, bouche béante, l'instant d'attaquer le gâteau. Mais le repas se traînait en longueur et la coupe, qui circulait continuellement autour de nous, venait encore perpétuer les retards. Tout semblait conspirer contre mes désirs. L'un commença à nettoyer ses dents avec un brin de paille; l'autre s'étendit sur le dos, plutôt disposé à dormir qu'à s'occuper de la table ; les convives ensuite causèrent entre eux, et l'on ne songeait aucunement à nous faire goûter du fameux gâteau. Les Dieux alors eurent pitié de mon supplice, et je pus enfin toucher à un mets que j'avais bien longtemps convoité. Je ne t'écris pas cela sous l'impression du plaisir, je n'ai que de la lassitude, après une pareille attente.

XXIII

Platylème à Erébintholéon.

JE n'ai jamais éprouvé en Attique d'hiver aussi terrible. Non-seulement des vents impétueux se déchaînaient contre nous et nous étourdissaient de leurs sifflements, mais il tombait partout une neige épaisse qui voilait la terre ; elle ne s'arrêta pas à la surface et s'amoncela tellement, qu'en ouvrant la porte on pouvait à peine distinguer la ruelle de notre maison. J'étais sans bois et sans charbon. Où en aurais-je rencontré ? Le froid me pénétrait jusqu'aux os. Je pris alors une résolution digne d'Ulysse, ce fut de courir aux fourneaux des étuves publiques. Mes compagnons s'y trouvaient déjà installés. Ils m'en refusèrent l'entrée. Nous étions cependant victimes de la même déesse : la Pauvreté! Je renonçai donc à ce moyen pour aller me réfugier au bain privé de Thrasylle. Cette fois il n'y avait personne. Deux oboles m'ayant rendu le baigneur favorable, je suis arrivé à me chauffer. Heureusement la glace remplaça la neige, le froid sécha l'humidité, les routes devinrent moins impraticables. Plus tard, la température finit par s'adoucir. Aujourd'hui, le soleil brille et le chemin est libre; je peux reprendre mes promenades habituelles.

XXIV

Amnion à Philomoschus.

UNE forte grêle a détruit nos moissons, et je ne vois point de remède à la famine, car la misère nous empêche d'acheter des blés étrangers. Il te reste, dit-on, des réserves de la dernière récolte. Prête-moi donc vingt médimnes de grains pour faire vivre ma femme et mes enfants. La prochaine année sera meilleure, nous te rendrons cela et davantage, si elle est abondante. J'espère que tu n'abandonneras pas de bons voisins dans les moments difficiles.

XXV

Eustolus à Elation.

L'AGRICULTURE, malgré les fatigues, ne donne aucun profit; j'ai résolu de me confier à la mer et aux vagues. La vie et la mort ne sont-elles pas réglées par le destin, à ce point que l'on ne saurait échapper à l'heure fatale, quand on se renfermerait dans une cabane? Puisque le dernier jour est certain et le sort inévitable, l'existence ne dépend donc pas de la carrière qu'on choisit; elle est soumise aux caprices de la Fortune. De plus, bien des gens, quoique jeunes, ont péri sur la terre et d'autres ont vécu longtemps sur mer. Toutes ces raisons me décident à naviguer au gré des flots et des vents. Il vaut mieux, pour moi, revenir du Bosphore et de la Propontide avec des richesses, que de rester dans un coin de l'Attique à mourir de faim et de pauvreté.

XXVI

Agélarchide à Pytholas.

C'EST vraiment le fléau d'une ville que les usuriers. Je ne sais pas quelle mauvaise inspiration j'ai eue, mon cher ami ; mais, au lieu de recourir à toi ou à des voisins de campagne, pour payer un champ que j'avais acheté à Colone, je me suis laissé conduire aux portes Byrtiennes. Je trouvai là un vieillard, à l'aspect décharné, aux sourcils contractés, tenant à la main des papiers usés et salis par le temps, à moitié rongés des punaises et des vers. D'abord, il m'adressa à peine quelques mots ; car, selon lui : parler, c'est dépenser. Son courtier lui apprit ensuite que j'avais besoin d'argent. « Combien de talents ? » dit-il. Comme je me récriais sur la somme, il eut aussitôt des airs dédaigneux et ne cacha point son impatience. Enfin, il voulut bien consentir à me prêter les fonds, et il demanda des billets déjà préparés, par lesquels je m'engageai à lui rembourser, dans un mois, le capital avec d'énormes intérêts. Il exigea en outre des hypothèques. Je le répète, de telles gens, c'est la peste ! Ils ne vivent que pour calculer et compter sur leurs doigts. Divinités protectrices des champs, préservez-moi à jamais de rencontrer un loup ou un usurier !

XXVII

Anicet à Phœbiane.

Tu me fuis, Phœbiane, tu me fuis, quand tout mon bien est absorbé. Que n'as-tu pas eu de moi? Des figues, des fromages, des volailles; sans parler d'autres choses. Ainsi, après m'avoir, comme dit le proverbe, complétement déplumé, tu me réduis à devenir ton esclave. Mon amour ne t'inspire donc aucune pitié? Adieu. Profite de ce que tu as. Moi, il me reste le chagrin. Je saurai cependant supporter ton mépris.

XXVIII

Phœbiane à Anicet.

PRISE des douleurs de l'enfantement, une voisine m'avait envoyé chercher. Je me rendais à la hâte auprès d'elle, avec les instruments nécessaires, lorsque tu t'es précipité, en me saisissant par le cou et en voulant m'embrasser. Tu ne cesseras donc pas, vieillard indigne et décrépit, de faire le jeune homme et de poursuivre des femmes qui sont à la fleur de l'âge. Est-ce qu'on ne t'a pas interdit les champs, pour la négligence et le désordre de tes affaires? N'as-tu pas été chassé, comme incapable, de la cuisine et du foyer? Pourquoi me regarder alors avec des yeux languissants et de tendres soupirs? Tu es aussi vieux que Cécrops. Songe piutôt à ta fin.

XXIX

Glycère à Bacchis.

Ménandre a voulu aller à Corinthe, assister aux jeux Isthmiques ; bien malgré moi, assurément. Tu sais s'il est possible de quitter, même pour peu de temps, un amant de cette importance. Mais comment m'opposer à son départ, il ne s'absente presque jamais. Il va résider dans ta ville. Dois-je te le confier ? J'hésite. L'idée qu'il aura recours à tes soins m'inspire des craintes. J'ai beau me dire qu'il existe entre nous une solide amitié ; suffira-t-elle ? Ce que je redoute surtout, ma très chère, ce n'est pas toi, dont le caractère vaut mieux que la vie ; c'est Ménandre. Il aime avec tant d'ardeur ! Et puis, quel est l'homme, parmi les plus sévères, qui pourrait résister à Bacchis ? Je suis d'ailleurs convaincue qu'il entreprend ce voyage plutôt pour toi que pour les jeux Isthmiques. Tu vas me trouver défiante. Excuse, ô ma meilleure amie, des soupçons qui nous sont naturels. Je tiens essentiellement à ne point perdre l'amour de Ménandre. Car, si nous avions ensemble du refroidissement ou de l'inimitié, je serais forcée d'affronter sur le théâtre les railleries et les insultes d'un Chrémès ou d'un Diphile. Si, au contraire, il me revient tel qu'il est parti, je t'en saurai un gré infini. Adieu.

XXX

Bacchis à Hypéride.

LES hétaïres t'envoient des félicitations et chacune de nous te remercie non moins que Phryné. Son procès avec le misérable Euthias la concernait seule, mais le danger ne nous a-t-il pas menacées toutes? Si on nous avait sans cesse accusées d'impiété pour réclamer de l'argent à des amants ou pour profiter de leur générosité, il aurait mieux valu ne plus utiliser nos charmes, renoncer à notre vie, et même abandonner nos amis. Heureusement qu'Euthias vient d'être condamné comme injuste et déloyal. Désormais le métier de courtisane ne sera point un motif de poursuites

contre nous; rien n'empêche de le continuer
librement, grâce à l'équité et au talent d'Hypéride. Que d'heureux plaisirs récompensent
tes sentiments d'humanité! Tu possèdes déjà la
tendresse d'une belle hétaïre. Ce n'est pas tout.
Tu nous a sauvées en sa personne, nous te de-
vons de la reconnaissance. Consens à publier
ton discours en faveur de Phryné, nous nous
engageons à t'élever une statue d'or où tu
voudras.

XXXI

Bacchis à Phryné.

J'AI partagé tes chagrins, chère amie, au moment du péril; ma joie est d'autant plus
vive, maintenant que tu es délivrée d'un méchant et que tu as trouvé le généreux Hypéride. Je considère ton procès comme une fortune pour toi; cette affaire, en effet, t'a rendue
célèbre non-seulement à Athènes, mais dans
la Grèce entière. Euthias sera assez puni par
la privation de tes faveurs; car, malgré sa colère et sa sottise qui ont dépassé toute me-

sure, il t'aime encore, je t'assure, plus qu'Hypéride lui-même. Celui-ci a prouvé certainement son amour en prononçant ta défense; mais le succès rend exigeant; il s'imagine t'apporter le bonheur; tandis que la passion de l'autre s'augmente avec la perte de sa cause. Attends-toi donc à de nouvelles prières, à des supplications, à beaucoup d'argent. Ne va pas, chère Phryné, faire une chose qui tournerait contre nous et donner à Hypéride le regret d'avoir pris le parti des courtisanes. N'écoute point les excuses d'Euthias. Ne crois pas enfin ceux qui te disent que tout le triomphe de l'orateur, est d'avoir déchiré ta tunique et montré ton sein aux juges. Cet argument, produit avec tant d'à-propos, était le résultat de son éloquence.

XXXII

Bacchis à Myrrhine.

QUE Vénus m'entende, et puisses-tu ne jamais trouver mieux qu'Euthias dont tu raffoles maintenant! Puisse-t-il passer sa vie avec toi? De telles amours font pitié. N'est-ce pas une calamité de s'accoler à un pareil misérable? Quelle confiance dans tes attraits! Il a outragé Phryné, adorera-t-il toujours Myrrhine? Sans doute, tu penses offenser Hypéride qui te néglige en ce moment. Il possède, à la vérité, une maîtresse digne de lui; mais tu as bien l'amant qu'il te faut. Demande-lui quelque chose; tu verras s'il ne t'accuse point de vouloir incendier la flotte ou violer les lois. C'est assez. Sache seulement qu'on te hait parmi celles qui, comme nous, honorent Aphrodite, amie des hommes.

XXXIII

Thaïs à Thessala.

JAMAIS je n'aurais cru qu'après une si grande intimité, j'en arriverais à rompre avec Euxippe. Elle me doit tant depuis son débarquement de Samos! Mais je ne veux rien lui reprocher. Tu sais qu'alors j'avais Pamphile qui n'épargnait pas l'argent. Il me parût la désirer vivement; je n'hésitai point à renoncer au

jeune homme, dans l'intérêt d'une amie. Pour
reconnaître mes complaisances, elle recherche
les bonnes grâces de l'infâme Mégara, contre laquelle j'ai une vieille rancune, à cause de Stra-
ton. Aussi, il n'est pas étonnant qu'elle dise du
mal de moi. Elle me l'a prouvé à l'occasion des
fêtes de Cérès. On s'était réuni la veille chez
nous, comme de coutume; afin d'y passer la
nuit. Je fus surprise de voir Euxippe. Elle commença d'abord à ricaner et à plaisanter tout
bas avec Mégara, ce qui montrait déjà leur
malveillance; elle se mit ensuite à chanter ouvertement de méchants vers, contenant des al-
lusions sur un amant qui m'avait abandonnée.
C'était encore supportable. Mais, perdant bientôt toute retenue, elle eut l'impudence de tourner en ridicule mon fard et mon rouge. Il faut
que son commerce aille mal et qu'elle ne possède pas même un miroir : car, si elle voyait
son teint de sandaraque, elle ne trouverait aux
autres aucune imperfection. Il vaut mieux ne
point m'émouvoir de ces méchancetés. C'est à
des amants que je désire plaire et non à des
guenons, comme Mégara et Euxippe. Je t'ai
conté cela pour éviter le blâme, si je me venge

un jour d'elles, non par des railleries ou des injures, mais de manière à les faire souffrir. J'espère en Némésis!

XXXIV

Thaïs à Euthydème.

Maintenant que tu t'adonnes à la philosophie, tu deviens grave et tu lèves les sourcils au-dessus du front. Ce n'est pas tout. Drapé dans le manteau traditionnel, avec un livre à la main, tu t'avances fièrement vers l'Académie, et tu passes devant notre maison, comme ne l'ayant jamais vue. Es-tu fou, Euthydème? Tu ne connais donc pas ce sophiste maussade, qui expose de merveilleux principes? Si tu savais depuis combien de temps il me poursuit, afin d'obtenir mes faveurs! Il soupire aussi pour Herpyllis, la suivante de Mégara. Je ne l'ai point accueilli, car je préférais tes baisers à l'or des philosophes. Mais, puisqu'il semble te détourner de moi, je le recevrai; et je te prouverai, quand tu voudras, que ce fameux précepteur, qui déteste tant les femmes,

ne se contente pas de plaisirs habituels. Tu
peux m'en croire, pauvre sot. Cet étalage d'austérité est un leurre pour exploiter la jeunesse.
Trouves-tu de la différence entre un sophiste
et une hétaïre? La seule qui existe est dans les
moyens de persuasion; leurs efforts ont le même
but : le gain. Et encore, nous valons mieux,
nous avons plus de religion. Nous ne nions
point les Dieux, nous croyons aux serments de
nos amoureux, quand ils jurent qu'ils nous
adorent. Nous empêchons aussi les hommes de
commettre des incestes et des adultères. Mais,
parce que nous ignorons l'origine des nuées et
la théorie des atomes, nous te paraissons infé-
rieures aux philosophes? Détrompe-toi, j'ai été
leur élève, j'ai conversé avec beaucoup d'entre
eux. La vérité est qu'aucun de ceux qui fréquentent les courtisanes, ne rêve la tyrannie ni
ne trouble les républiques. On se contente de
boire la nuit et de dormir le jour. Notre éduca-
tion n'est-elle pas moins dangereuse pour les
jeunes gens? Compare, si tu veux, l'hétaïre As-
pasie et le sophiste Socrate; examine qui a
formé les meilleurs citoyens : tu verras Périclès
disciple de l'une et Critias, de l'autre. Quitte

cette folie, change ce visage désagréable, Euthydème, mon trésor; la sévérité ne te convient
guère. Accours plutôt chez ta maîtresse comme
autrefois, lorsque tu arrivais du Lycée tout
en sueur. Viens, nous nous livrerons ensemble
à une douce ivresse et aux plaisirs de la volupté.
Tu reconnaîtras alors combien je suis savante !
D'ailleurs, la Divinité nous accorde peu de
jours à vivre; ne les perds point sottement à
chercher des énigmes. Adieu.

XXXV

Simalion à Pétala.

Tu me laisses assiéger ta porte et raconter
mes doléances à tes esclaves, quand elles
vont chez des rivaux. Est-ce par plaisir ou par
vanité ? Tu n'agis pas sans raison. Pourquoi me
traiter de la sorte ? Tu connais mon affection.
Elle est à toute épreuve. Au risque de me
perdre, je t'en fais l'aveu. Dis-moi, parmi les
gens que tu favorises, y en a-t-il beaucoup qui
résisteraient au mépris ? En guise de consolation, j'ai bu pendant trois jours avec Euphro-

nius, espérant calmer les inquiétudes de la nuit. Le vin, au contraire, a excité ma passion ; je n'ai point cessé de pleurer et de crier. Autour de moi, les uns se sont émus de pitié, d'autres ont ri. Quelle situation ! Il reste bien un soulagement à mon chagrin, mais c'est une si légère compensation. Je veux parler des cheveux que tu t'es arrachés dans notre malheureuse querelle, au dernier souper. Tu me les as jetés, en m'exprimant combien tu avais assez de moi et de mes attentions. Hélas ! si tout cela t'amuse, jouis de mon tourment, raconte-le même à ceux qui maintenant sont plus heureux que Simalion. Leur tour viendra et ils se désoleront bientôt, quand tu les repousseras. Prie seulement Vénus de ne pas se venger de ton orgueil... Un autre eût rempli sa lettre d'injures et de menaces ; je préfère t'adresser des prières et des supplications, car je t'adore, cruelle, et je souffre... Ah ! dans l'excès de ma douleur, je crains bien d'imiter ces pauvres amants, dont les plaintes ne servent qu'à augmenter l'infortune.

XXXVI

Pétala à Simalion.

Sı l'on pouvait entretenir la maison d'une courtisane avec des larmes, comme je serais riche! Tu ne les épargne guères. Mais il nous faut de l'or, des vêtements, des parures, des suivantes. C'est là toute la vie! On ne m'a point laissé de patrimoine à Myrrhinonte, ni d'intérêts dans les mines d'argent; j'ai simplement pour revenus les petits cadeaux que me font, souvent à regret, des jeunes gens sans conséquence. Je te connais depuis un an, en suis-je plus avancée? Tu parles de ma chevelure; elle est toujours en désordre, je n'ai pas même d'huile parfumée. Je ne possède qu'une tunique de Tarente, et encore, elle est si vieille et si déchirée que j'en rougis devant mes amies. Quelle existence! Espères-tu qu'en restant ainsi avec toi, je trouverai d'autres ressources? Tu pleures? Qu'importe! je n'en mourrai pas moins de faim, si personne ne me donne rien. J'admire tes larmes et leur absurdité.

Puissante Aphrodite! tu aimes éperdûment une femme, et, ne pouvant vivre sans elle, tu désires qu'elle t'appartienne entièrement. Eh bien? N'avez-vous point à la maison des coupes précieuses? Ta mère n'a-t-elle pas des bijoux, ton père des valeurs? Apporte tout cela. Heureuse Philotis! Les Grâces la chérissent. Elle est avec Ménéclidès qui, journellement, la comble de présents. Cela vaut mieux que des lamentations. Moi, pauvre fille, je n'ai point d'amant, j'ai un pleureur qui ne sait qu'envoyer des roses et des couronnes, comme pour orner à l'avance la tombe qu'il me réserve. La nuit, il ne fait que geindre. J'en ai assez. Ecoute cependant. Si tu veux m'offrir quelque chose, viens... sans gémir. Sinon, garde tes chagrins et ne m'ennuie pas.

XXXVII

Myrrhine à Nicippe.

Diphile ne songe plus à moi; il se livre à l'impure Thessala. Jusqu'aux fêtes d'Adonis, il est bien venu chez nous souper et dormir; mais depuis quelque temps, il devenait indifférent, il affectait même des airs d'insolence et de fatuité. Il arrivait me voir déjà pris de vin et conduit par Hélix, l'amoureux d'Herpyllis, qui ne bouge pas de la maison. Maintenant, tout est fini avec Diphile. Voilà quatre grands jours qu'il s'enivre dans les jardins de Lysis, en compagnie de Thessala et de cet ignoble Strongylion, dont la haine a machiné contre moi ces nouvelles amours. J'ai eu beau écrire, dépêcher mes suivantes, employer toutes les démarches, rien n'a réussi. Diphile paraît, au contraire, avoir plus de vanité et d'arrogance. Il ne reste qu'à le mettre à la porte, s'il venait par hasard passer la nuit pour vexer Thessala. L'orgueil tombe quelquefois devant le dédain. Mais cet espoir est bien vague. Il me faudrait un moyen énergique, comme dans les cas désespérés ; je ne puis supporter ni la privation de ses prodigalités, ni les railleries de Thessala. Tu possèdes, dis-tu, un philtre que tu as souvent éprouvé sur des jeunes gens. J'ai besoin d'un tel secours pour triompher de cette fierté et de cette dépravation. J'enverrai faire des propositions de paix à Diphile et j'essaierai de l'attendrir avec mes larmes; je lui parlerai des rigueurs de Némésis, s'il néglige un cœur comme le mien; enfin, je n'oublierai ni les séductions ni les feintes pour l'attirer. Il viendra certainement, ému de pitié par tant d'affection. Il ne peut s'y refuser. Il reconnaîtra même que c'est de toute justice, car le souvenir du temps passé et de notre tendre intimité augmentera la haute opinion qu'il a de lui. D'ailleurs, Hélix nous aidera. Herpyllis doit se joindre à nous, afin de le persuader... Mais l'effet des philtres est douteux. Il devient parfois funeste. Qu'importe! J'aurai mon amant ou il mourra chez ma rivale.

XXXVIII

Mégara à Bacchis.

Il n'existe que toi pour aimer un homme, au point de ne pouvoir le quitter un instant. Par Vénus, quel ridicule! Comment? avec une invitation de Glycère qui date des Dionysiaques, tu ne viens pas! Non-seulement tu ne réponds point à cet appel, mais tu ne veux

plus même voir d'amies. Tu deviens sage et
fidèle à ton amant! Une pareille renommée te
rend heureuse? Nous sommes alors des débau-
chées, des prostituées. Franchement, il y a de
quoi se fâcher, j'en jure par la grande Déesse...
Nous étions toutes là, Myrrhine, Thessala,
Chrysion, Euxippe et Philumène aussi, quoique
mariée récemment à un jaloux. Elle avait en-
dormi l'excellent époux, ce qui la fit arriver un
peu tard; mais, du moins, elle était venue.
Toi, tu gardais comme Aphrodite ton Adonis
pour ne pas le laisser enlever par Proserpine.
Quel festin délicieux et plein de charmes! Combien tu auras de regrets! Ce ne fut que chansons, plaisanteries, libations jusqu'au chant du
coq; et les parfums, les couronnes, les friandises! Des lauriers ombrageaient nos lits. Rien
ne manquait, excepté ta présence. Nous nous
sommes souvent amusées, jamais si gaiement...
Le plus joli divertissement a été une dispute
sérieuse entre Thryallis et Myrrhine, à propos
de la finesse et de la perfection de leurs formes.
D'abord, Myrrhine délia sa ceinture, et, sous
sa tunique de soie, elle commença à agiter des
hanches dont l'embonpoint n'avait nulle fer-

meté; elle se mit ensuite à considérer ses mouvements avec complaisance, tout en soupirant tendrement, comme si elle éprouvait de la passion. Je la pris alors pour Vénus, et j'en fus émue. Thryallis avait accepté le défi, elle voulut dépasser sa rivale en volupté. « Je ne lutterai » point, dit-elle, à travers des voiles, mais bien » sans hésitation, comme au gymnase; le com- » bat ne souffre pas de subterfuge. » Elle se dépouilla aussitôt de sa tunique, et, s'inclinant légèrement : « Vois, Myrrhine, ajouta-t-elle, » examine ce coloris. Tout est pur, correct, » irréprochable. Regarde la conformation de la » taille, l'articulation des membres et ces petites » fossettes qui n'indiquent ni maigreur ni excès » contraire. » Elle montra, en effet, des chairs qui ne tremblaient point comme celles de Myrrhine; et, pour preuve, elle donna en riant à son corps de gracieuses modulations. La souplesse de ses reins souleva les applaudissements. On lui décerna la palme... Il y eut encore d'autres comparaisons et un concours pour la beauté du sein. Nulle n'osa lutter avec Philumène; elle n'a jamais eu d'enfant, elle est vraiment charmante. Nous avons ainsi passé la nuit et dit beaucoup de mal de nos amants, dans l'espoir de les changer bientôt. Le plaisir nouveau n'est-il pas le plus agréable? Nous sommes enfin parties, entièrement enivrées. Après mille extravagances dans la rue, nous avons terminé nos ébats chez Déximaque qui demeure au carrefour doré, non loin de la maison de Ménéphron. Thaïs est folle de lui, et, par Jupiter, elle a raison; car cet adolescent vient de recueillir le riche héritage de son père. Tu vois ce que tu as dédaigné; nous te pardonnons cette fois, mais n'oublie pas qu'aux fêtes d'Adonis, nous soupons tous au Colytte, chez l'amoureux de Thessala. Elle doit parer le favori de la Déesse. J'y serai; apporte pour la cérémonie une petite corbeille et du corail. Tu peux amener ton bel adoré, nous boirons avec des amis. Adieu.

XXXIX

Philumène à Criton.

POURQUOI te fatiguer à écrire? Avec cinquante pièces d'or, tu peux tout; avec des lettres, rien. Si tu aimes, donne. Si tu tiens à l'argent, ne m'ennuie plus. Adieu.

XL

Ménéclidès à Euthyclès.

ELLE est morte, la belle Bacchis; elle est morte, cher Euthyclès! Elle me laisse avec des larmes intarissables et le souvenir d'un amour tendre, maintenant bien cruel. Jamais je n'oublierai Bacchis, jamais! Que de sentiments chez elle! Si on la surnomme l'honneur et la gloire des hétaïres, ce sera justice. Elles devraient s'entendre toutes pour lui dresser une statue dans le temple d'Aphrodite ou des Grâces. On reproche aux courtisanes d'être perverses, infidèles, rapaces. On dit qu'elles appartiennent à qui leur donne et qu'elles attirent une foule de maux sur leurs amants. Bacchis a montré par son exemple combien de pareilles accusations étaient d'injustes calomnies. L'honnêteté de ses mœurs la défendait contre la médisance. Tu te rappelles ce Mède qui arrivait de Syrie? Avec quelle suite et quel apparat il

marchait! Il promit à Bacchis des eunuques,
des esclaves, tout un luxe oriental. Il eut beau
se fâcher, elle ne le reçut point. Elle préférait
dormir sur mon simple manteau et se contenter de mes légers présents. Elle rejeta l'or et
les largesses du satrape. Comme elle repoussa
aussi le marchand égyptien qui lui offrait tant
d'argent! Il n'y avait pas de meilleure créature,
assurément. Pourquoi, avec de telles qualités,
la Fortune ne lui a-telle point choisi une condition moins malheureuse? Bacchis n'est plus!
Elle m'abandonne pour être désormais toujours
seule. Quelle injustice, bonnes Parques! Que
ne suis-je en ce moment à ses côtés, comme
autrefois! Mais non. Je reste, je respire, je
mange!!! Je pourrai parler à des amis, je ne
retrouverai ni son sourire ni ses yeux brillants.
Elle avait tant de douceur et d'amabilité.
Hélas! elle n'aura plus avec moi de ces nuits
qu'elle savait rendre délicieuses... Quelle pureté
dans la voix! quels regards! Les sirènes n'étaient
pas si séduisantes. Quel suave nectar que son
baiser! La Persuasion semblait reposer sur ses
lèvres. Sa parure, c'était la ceinture de Vénus
avec les charmes de la beauté. Plus de chan-

sons dans les festins, plus de lyre dans ses doigts d'ivoire, tout est fini! Voilà la favorite des Grâces : un peu de cendres sous une pierre muette... Mégara, cette immonde prostituée, est vivante! elle qui a dépouillé sans pitié l'opulent Théagène, au point de le réduire à se faire mercenaire, et Bacchis est morte! elle qui se sacrifiait à son amant... Hélas! laisse épancher ma douleur dans ton âme, cher Euthyclès; car c'est une consolation pour moi d'écrire, de parler d'elle. A présent, il ne me reste plus rien... que le souvenir! Adieu.

LIVRE SECOND

I

Lamia à Démétrius.

MALGRÉ ta royauté, tu ne dédaignes pas de recevoir les lettres d'une hétaïre qui t'appartient ; ne t'étonne donc point de la liberté qu'elle prend. J'ai tant besoin de t'écrire. Si tu savais, cher seigneur, combien je suis troublée lorsque j'entends ta voix et que tu parais en public, entouré de gardes, de troupes et d'ambassadeurs, orné de ton diadème. J'en atteste Aphrodite, je tremble, j'ai le frisson, je détourne les yeux, comme éblouie par le soleil. Alors, tu me sembles être véritablement Démétrius Poliorcète. Quel aspect terrible et martial ! Je doute de moi et m'interroge ainsi : « Lamia, est-ce toi qui dors à ses côtés ? Est-ce » toi dont il écoute le soir les mélodies ? Est-ce

» toi qu'il préfère à Gnathène ? Ces lettres
» royales qu'on t'a remises te sont-elles des-
» tinées ? » J'hésite, souhaitant ton retour pour
être convaincue. Quand tu arrives, je me pros-
terne aussitôt ; et si, dans une longue étreinte,
tu m'accordes des baisers, j'ajoute d'autres
folies : « Voilà donc le Preneur de Villes, celui
» qui marche sans cesse à la tête des armées ;
» qui épouvante la Macédoine, la Grèce, la
» Thrace ! Aujourd'hui, par Vénus, j'oserai
» l'assiéger ; nous verrons s'il me résistera. »
Je t'en prie, reste ici jusqu'au troisième jour ;
tu souperas chez moi. C'est l'époque des Aphrodisies, où chaque année j'essaie de surpasser
les fêtes précédentes. Viens, je te recevrai tendrement et d'une manière luxueuse, si tu veux
bien m'aider ; je le mérite, car je n'ai pas agi
de façon à me rendre indigne de tes bontés,
depuis la nuit sacrée de nos amours. Tu m'a-
vais cependant laissé la disposition de mon
corps : loin de profiter de ma liberté, je n'ai eu
de rapport avec personne. Je n'imiterai nullement les courtisanes, cher maître ; je ne men-
tirai point comme elles. A partir de nos relations, j'en jure par Diane, on ne m'a rien en-

voyé, on n'a rien tenté contre l'honneur d'un conquérant tel que toi... L'amour vient vite, ô mon roi, il s'envole de même; tant qu'il possède de l'espoir, il a des ailes; mais dès qu'il est satisfait, il perd ses plumes. Aussi, la grande habileté des hétaïres consiste-t-elle à différer toujours l'instant du plaisir et à retenir de la sorte leurs amants par l'espérance. Avec vous, les retards sont impossibles, on craint d'amener la lassitude; tandis qu'avec eux, nous pouvons prétexter des devoirs religieux, des indispositions; une fois nous avons à chanter, à jouer de la flûte, à danser; une autre fois, il faut apprêter le souper ou ranger la maison; tout cela pour interrompre et faire languir des faveurs dont on se fatigue promptement. Les cœurs s'enflamment alors par les délais; et ils sont plus aisés à séduire, car ils redoutent continuellement un nouvel obstacle à leur bonne fortune. Vis-à-vis d'indifférents, je pourrais sans difficulté employer un pareil manége; mais avec toi, qui m'aimes assez pour afficher tes sentiments et t'en glorifier auprès de mes compagnes, par les Muses protectrices, je n'aurai jamais le courage de feindre. D'ailleurs, je ne suis pas insensible ; et s'il fallait tout te sacrifier, jusqu'à la vie, je croirais avoir fait peu de chose... Certes, la réception qui t'attend aux Aphrodisies, n'aura pas seulement du retentissement dans ma maison de Therripidium; on en parlera à Athènes, et par Artémis, dans la Grèce entière. Aussi, les austères Lacédémoniens voudront en cette circonstance paraître des hommes supérieurs, quoiqu'ils aient été des renards à Ephèse ; ils ne manqueront point, sur les montagnes du Taygète et à travers leurs solitudes, de calomnier nos festins, de condamner au nom de Lycurgue ton humanité. Laisse-les dire, seigneur, et n'oublie pas le jour du souper. Choisis l'heure qui te convient. Elle sera la plus agréable. Adieu.

II

Leontium à Lamia.

Il n'y a rien de plus fastidieux, selon moi, qu'un vieillard qui veut redevenir jeune. Hélas ! c'est l'histoire d'Epicure qui m'assomme de plaintes, de soupçons et de lettres incompréhensibles, sans compter qu'il m'interdit son école. J'en atteste Vénus, quand ce serait Adonis lui-même, je ne pourrais le souffrir s'il avait quatre-vingts ans, de la vermine, des infirmités et des couvertures de laine, en guise d'habits. Franchement, est-il possible de supporter un philosophe dans un pareil état ? Qu'il garde ses systèmes sur la nature et ses principes biscornus ; mais qu'il me laisse la liberté, sans m'ennuyer et m'incommoder. En vérité, j'ai aussi mon Poliorcète. Si, au moins, il ressemblait à ton Démétrius, chère Lamia ! Et je deviendrais sage pour un tel homme ? Ce n'est pas tout. Il singe Socrate, sa faconde, son ironie ! Un certain Pithoclès lui sert déjà d'Alcibiade et il prétend faire de moi une Xantippe. A la fin, je me lasserai ; je fuirai de contrée en contrée plutôt que de subir d'extravagantes missives. Mais ses exigences sont encore plus grandes, plus intolérables ! Voilà précisément ce qui m'engage à t'écrire, désirant avoir ton opinion et te demander un conseil... Tu connais le beau Timarque de Céphise ; je ne nierai point mes relations avec ce jeune homme, elles datent de longtemps ; et, comme je n'ai pas de

secret pour toi, chère Lamia, tu sauras qu'il
m'a initiée aux plaisirs de l'amour. Nous étions
voisins; il eut le premier mes faveurs. Depuis
ce moment, il ne manque pas de m'envoyer
des cadeaux, des vêtements, des bijoux, des esclaves et des femmes de l'Inde. Je passe le reste
sous silence, car il s'occupe des moindres dé-
tails, il devance même les saisons : personne
ne goûte les primeurs avant moi. C'est à propos d'un amant si précieux que mon jaloux
me dit sans cesse : « Ne le reçois plus, chasse-
le. » Et je te laisse imaginer la façon dont il
l'habille ! On ne croirait guère entendre un
Athénien ou un sophiste, mais un Cappado-
cien fraîchement débarqué. Aussi, j'en prends
Diane à témoin, quand la ville d'Athènes serait pleine d'Epicures, j'y renoncerais volontiers pour le petit doigt de Timarque. Qu'en
penses-tu, Lamia ? Cela n'est-il pas vrai et
juste ? Je t'en conjure par Aphrodite, ne va
point m'objecter qu'il a de la science, de la réputation et beaucoup d'amis. Il peut bien enseigner le monde entier, s'emparer des esprits.
La gloire ne me fait rien. Je n'ai qu'un rêve,
bienveillante Cérès : posséder Timarque. Il m'a

sacrifié le Lycée, ses compagnons, sa jeunesse, ses amitiés. A cause de moi, il vivait auprès d'Epicure ; il le flattait, il louait des maximes vides de sens. Vains efforts ! « Quitte mes états, » lui crie son maître, comme un nouvel Atrée, » éloigne-toi à jamais de Léontium. » Timarque n'aurait-il pas plus de raison, en lui disant : « N'approche pas de celle qui m'appartient. » Il est jeune et il tolère la rivalité d'un vieillard, tandis que celui-ci n'entend rien souffrir, quoiqu'il n'ait aucun droit. Comment faire ? Parle, je t'en supplie au nom des dieux, Lamia. Par les saints mystères, je voudrais tant voir finir mes maux. La seule idée d'abandonner Timarque m'épouvante ; la sueur m'inonde, les extrémités se refroidissent, le cœur s'arrête... Je t'en prie, donne-moi asile pour quelques jours ; en me perdant, mon tyran appréciera mieux les avantages qui résultaient de ma présence dans sa maison. Il ne sera pas longtemps à la regretter, j'en suis sûre ; il nous enverra aussitôt des ambassadeurs, Métrodore, Hermaque ou Polyène. Combien de fois cependant, chère Lamia, lui ai-je dit en particulier : « Epicure, n'agis pas ainsi. Prends garde au

» ridicule. Rappelle-toi que Timocrate, le fils
» de Métrodore, t'a rendu la fable des assem-
» blées, des théâtres, des philosophes ! » Il
n'écoute rien. Il préfère étaler ses amours sans
pudeur. Tant pis, j'imiterai son effronterie et
je garderai Timarque. Adieu.

III

Ménandre à Glycère.

Par les déesses d'Eleusis et leurs mystères,
souvent témoins de mes serments dans
l'intimité, ce que je vais te dire, Glycère, n'est
ni pour me faire valoir ni pour te délaisser.
Quel plaisir trouverais-je, en effet, loin de toi?
Et de quoi pourrais-je m'honorer plus que de
ton amitié? Quand nous atteindrions l'âge
extrême de la vie, ton esprit et ton cœur ne
feraient-ils pas croire encore à la jeunesse?
Passons donc ensemble nos belles années,
vieillissons ensemble, et, par les Dieux, mou-
rons surtout ensemble, ma Glycère. Finir ses
jours en même temps, c'est s'éviter des soucis
aux Enfers; car on ne songe point que le sur-

vivant peut être heureux. Aussi, je ne souhaite pas le bonheur, si tu n'es plus! D'ailleurs, quel bien me resterait-il alors?... Tu le sais, je suis au Pirée pour ma santé, à cause de mes éternelles infirmités que des ennemis traitent de mollesse et de raffinement. Malgré mon indisposition, je t'écris à la ville où te retiennent les fêtes de Cérès. Voici le motif : J'ai reçu une missive du roi d'Egypte Ptolémée, qui m'engage avec beaucoup d'instances à venir auprès de lui, me promettant, à la façon des princes, toutes sortes de prospérités. Il s'est également adressé au poëte Philémon qui m'a communiqué lui-même son invitation, conçue en termes plus simples et moins pressants, comme il convient à des lettres qui ne sont point destinées à Ménandre. Il verra le parti qu'il doit prendre; mais je n'attendrai aucunement sa résolution. C'est toi qui me conseillera. N'as-tu pas toujours été mon aréopage, mon tribunal suprême, tout enfin par Minerve? Je t'envoie donc la lettre royale, pour ne point t'ennuyer de son contenu et de mes redites. Cependant, je ne veux pas te laisser ignorer ce que je compte répondre. Passer la mer et voyager dans une contrée lointaine, si reculée ; par les douze divinités, je n'en ai nulle envie. Et quand l'Egypte serait aussi rapprochée que l'île d'Egine, il ne me viendrait point à l'idée d'abandonner le véritable empire que m'a créé ton amour, pour errer seul parmi des étrangers et visiter sans toi un désert rempli d'hommes. Je trouve tes embrassements plus doux et moins trompeurs que ceux des satrapes ou des rois. Et puis, l'esclavage est dangereux, la flatterie méprisable, la fortune incertaine. Qu'importent les coupes de Thériclès, les cratères et les patères d'or, toutes les délices qu'envient les courtisans et qu'on possède en ce pays? Quelle différence avec nos cérémonies religieuses, nos représentations théâtrales, nos réunions comme celles d'hier! Et les exercices du Lycée, les leçons de l'Académie? J'en jure par Dionysos et les lierres Bachiques, je préfère au diadème de Ptolémée la couronne qu'on me jette sur la scène, sous les regards de Glycère. Où verrai-je en Egypte convoquer l'assemblée et prendre les suffrages? Y trouverai-je l'état démocratique avec ses libertés et des législateurs ornés de myrte, parcourant les endroits consacrés? Y a-t-il là une enceinte réservée aux élections, des marchés, un Céramique? Existe-t-il des tribunaux, une Acropole, des grandes Déesses, des mystères? Et Salamine, Psyttalie, Marathon; la Grèce entière dans Athènes, l'Ionie, les Cyclades? Je quitterais tout cela et Glycère aussi pour aller en Egypte amasser de l'or, de l'argent, des richesses! A quoi bon, puisque l'immensité des mers nous séparerait. L'opulence sans ma bien-aimée, n'est-ce pas la pauvreté? Et, si j'apprends que sa tendresse appartient à un autre, que seront ces trésors désormais?... de la cendre. J'en mourrai, emportant ma douleur au tombeau et laissant une fortune inutile, en proie à l'injustice de ceux qui se la disputeront. Est-ce donc si avantageux de vivre avec Ptolémée et ses satrapes, au milieu d'importants personnages dont l'amitié est douteuse et la haine funeste? Quand Glycère se fâche contre moi, je l'embrasse; sa colère persiste? je la presse davantage; elle est triste? je pleure. Alors, ne pouvant contenir son émotion, elle me supplie d'oublier mon chagrin. Il n'y a besoin ni de soldats, ni de satellites, ni de gardes. Je suis tout pour elle. Est-ce donc si merveilleux de voir le Nil qu'on prétend

magnifique? N'en peut-on point dire autant de
l'Euphrate, de l'Ister, du Thermodon, du Tigre,
de l'Halys et du Rhin? S'il fallait visiter tous
les fleuves, la vie se passerait sans te contempler. D'ailleurs, ce Nil, tant réputé, est infesté
de bêtes féroces; on n'ose pas approcher de ses
ondes, elles recèlent trop d'embûches... Mes
désirs, Ptolémée, c'est d'avoir des couronnes de
lierre attique et un mausolée dans ma patrie;
je veux sacrifier à Bacchus sur ses autels, célébrer les mystères et produire un drame chaque
année. J'aime au théâtre ces alternatives de
crainte et d'espérance, d'inquiétude et de joie,
avant d'arriver au succès. Que Philémon aille
en Egypte recueillir les faveurs qui m'étaient
réservées. Il n'a point de Glycère, il ne méritait
probablement pas un tel sort... Quant à toi,
chère petite, je t'en supplie; aussitôt la ceré-
monie terminée, prends ta mule et viens me
retrouver. Jamais fête ne m'a paru plus longue
ni plus importune. Déméter, protége-nous!

IV

Glycère à Ménandre.

JE me suis empressée de lire la lettre du roi. Et par Cérès, que j'honore en ce moment dans son temple, j'en ai été bien heureuse, Ménandre ; le plaisir m'a tellement troublée que je n'ai pu le cacher autour de moi. Il y avait là ma mère, ma sœur Euphorion et une amie qui a déjà soupé chez toi ; celle dont tu louais si timidement l'esprit naturel, quand je t'embrassais. Tu t'en souviens ? Mes compagnes, voyant sur mon visage et dans mes yeux une joie inaccoutumée, s'écrièrent aussitôt : « Chère petite Glycère, quel bonheur t'arrive- » t-il donc pour transformer pareillement ton » âme et ta personne ? Tu n'es plus la même, » tu es radieuse, tout en toi respire une vive » satisfaction ! » — Apprenez que Ptolémée veut partager son trône avec Ménandre, répondis-je en grossissant et en élevant la voix, afin de me faire entendre de celles qui étaient présentes. Comme preuve, mes mains agitaient en

triomphe la missive revêtue du cachet royal.
« Tu te réjouis donc d'être quittée ? » dirent-
elles. Ce n'est pas cela, Ménandre. J'en atteste
les déesses. Quand un bœuf parlerait pour me
convaincre, jamais je ne croirai que tu puisses
laisser ici Glycère et régner seul en Egypte, au
milieu des grandeurs. Il m'a paru évident, du
reste, en relisant la lettre du prince, qu'il con-
nait notre liaison; car il cherche à te railler légèrement par des plaisanteries, d'un atticisme
purement égyptien. Je suis ravie que le bruit
de nos amours ait traversé la mer. Le monar-
que, d'après ce qu'on lui a raconté, compren-
dra l'impossibilité de vouloir transporter Athènes en Egypte. Qu'est-ce, en effet, que cette
ville sans Ménandre ? Mais que serait-il lui-
même sans Glycère, qui prépare ses masques,
lui met ses costumes et se tient aux avant-
scènes, pour donner dans le théâtre le signal
des applaudissements ? Diane en est témoin ; je
tremble souvent, j'essaie toujours de t'encou-
rager. Que de fois j'ai entouré de mes bras cette
tête sacrée qui produit des drames !... Ai-je
besoin de dire ce qui me rendait joyeuse auprès de nos amies ? N'est-ce pas de penser

qu'en dehors de moi tu as aussi l'affection des souverains étrangers et que la renommée de tes talents s'étend jusqu'à ces rivages ? L'Egypte, le Nil, le promontoire de Protée, la tour de Pharos, tout enfin désire contempler Ménandre et entendre ses pièces sur les amoureux, les avares, les superstitieux, les infidèles, les pères, les fils, les esclaves. On peut représenter son œuvre, soit ; mais ceux qui voudront le voir viendront chez moi, à Athènes. Ils sauront par eux-mêmes combien je suis heureuse de posséder un homme dont la gloire remplit l'univers, et qui est nuit et jour à mes côtés. Pourtant, si tu as l'idée de profiter des avantages qui t'attendent là-bas ou au moins de visiter l'Egypte et ses richesses, les Pyramides, les statues sonores, le fameux Labyrinthe et les autres merveilles du pays, je t'en supplie, cher Ménandre, que je ne sois point un obstacle. Je ne tiens pas à m'attirer la haine des Athéniens, qui comptent déjà les médimnes de blé que le roi leur enverra, à cause de toi. Pars, sous la protection des Dieux et de la Fortune, avec un vent favorable; et que Jupiter vous soit propice! Moi, je ne te quitterai point. Le pourrai-je, même quand je le voudrais? Je laisserai ma mère, mes sœurs, pour m'embarquer à ta suite ; il m'est facile de m'habituer aux flots. Je serai là si tu souffres trop des coups de rame, et, grâce aux soins, tu n'éprouveras pas de malaise sur mer. Sans aucun fil, je te mènerai comme Ariadne, en Egypte. Tu n'es point Bacchus assurément, mais son serviteur et son ministre. Je ne redoute donc pas d'être abandonnée à Naxos et de pleurer ta perfidie, au milieu des solitudes maritimes. Qu'importent les Thésées ou les infidélités des anciens? Pour moi, tout est sûr : la ville, le Pirée, l'Egypte. Il n'y a pas d'endroit qui ne puisse abriter nos amours; et, si nous n'avions qu'un rocher, notre tendresse en ferait un séjour agréable... Je suis persuadée que tu ne recherches ni l'argent, ni le luxe, ni l'opulence. Ton bonheur, c'est de m'avoir et de créer des comédies. Mais ta patrie, tes parents, tes amis? Ils ont des besoins, ils prétendent s'enrichir et thésauriser ! Quoi qu'il arrive, tu ne me reprocheras rien, je le sais; car tu es animé des plus vifs sentiments et tu viens de m'en donner des preuves. Cependant, quelque chose m'inquiète, Ménandre; j'appréhende le peu de durée d'un attachement fondé entièrement sur la passion. Un pareil amour, malgré sa violence, est bien fragile, sans la raison. Ecoutons-la. Avec elle, les liens de l'affection deviennent indissolubles et les plaisirs sont exempts de soucis. Toi qui m'as souvent dirigée en maintes occasions, songe à cela et décide de mon sort. Mais quand tu ne m'adresserais aucun blâme, je n'en craindrai pas moins les Guêpes de l'Attique, qui ne manqueront point de bourdonner autour de moi au moment du départ, comme si j'enlevais la richesse d'Athènes. Aussi, je t'en conjure, Ménandre, ne te hâte pas de répondre au roi. Réfléchis encore. Attends notre réunion et celle de nos amis Théophraste et Epicure. Peut-être jugeront-ils différemment? Faisons plutôt des sacrifices, pour voir dans les entrailles des victimes s'il vaut mieux aller en Egypte ou rester; nous enverrons également à Delphes consulter l'oracle. Ne sommes-nous pas de la race d'Apollon? Quel que soit le parti qu'on prenne, nous aurons toujours une excuse: la volonté des Dieux. J'ai d'autres moyens: je connais une femme

très expérimentée qui vient d'arriver de Phry-
gie. Elle excelle dans l'art divinatoire, dans l'al-
longement des branches de genêt, dans l'évo-
cation nocturne des mânes. Comme je ne crois
point aux paroles, mais aux actes, je vais la
prier d'accomplir une purification préliminaire
et de préparer les animaux pour le sacrifice. Il
lui faut, dit-elle, de l'encens mâle, du styrax
oblong, des gâteaux en forme de lune et des
feuilles de fleurs sauvages. Elle sera là, je pense,
avant ton retour. Si tu dois tarder à revenir,
préviens-moi, afin que j'aille te retrouver et
que la Phrygienne soit prête... Déjà peut-être
tu t'es raisonné; tu commences à te préoccuper
moins du Pirée, de ta campagne, de Munychie.
Tu aurais tort. Si, grâce aux Dieux, je puis
agir librement; toi, tu n'en as pas le droit, à
cause des liens qui t'enchaînent. Quand tous
les rois du monde t'écriraient, j'ai plus d'empire qu'eux, puisque tu m'aimes et que tu seras
fidèle à la foi jurée. Fais donc en sorte, chère
âme, d'être ici bientôt. Si tu te décides à aller
en Egypte, ne faudra-t-il pas prendre le temps
d'examiner, parmi tes comédies, celles qui
charmeront le mieux Bacchus et Ptolémée?

Ce prince n'est point un connaisseur vulgaire. Choisis *Thaïs*, l'*Odieux*, *Trasyléon*, les *Inconstants*, l'*Epouse battue*, *Sicyone*. Tu vas me trouver bien téméraire de juger les œuvres de Ménandre, moi qui ne suis qu'une ignorante. N'ai-je pas eu dans son amour un excellent précepteur ? Tu m'as enseigné qu'une femme intelligente s'assimile le savoir de ses amants. Un cœur épris fait vite des progrès. D'ailleurs, par Artémis, pourrait-on se montrer indigne d'un maître tel que toi? N'oublie pas surtout, Ménandre, la pièce dans laquelle tu m'as représentée. Si tu me quittes, je t'accompagnerai du moins de cette façon en Egypte. Le roi verra ainsi la force de notre union, puisque tu emporteras l'image de tes amours, après en avoir laissé l'objet à Athènes. Mais tu ne m'abandonneras point. Je vais apprendre à tenir le gouvernail, à diriger un navire. J'espère, à ton retour du Pirée, pouvoir te conduire moi-même et te faire traverser les flots sans danger. Tu ne saurais t'y refuser... Maintenant, que le Ciel t'indique ce qui nous sera le plus avantageux. Moi, j'ai ma Phrygienne. Puisse-t-elle mieux prophétiser que la prêtresse qui joue dans ton drame de l'*Inspirée!* Adieu.

LIVRE TROISIÈME

I

Glaucippe à Charope.

Il m'est impossible d'épouser celui que mon père m'a donné pour fiancé : Méthymnée, le fils du pilote. Je ne m'appartiens plus depuis que j'ai vu un jeune éphèbe aux Oschophories, le jour où tu m'as permis d'aller à Athènes. Ah! ma mère, qu'il est beau et séduisant! Sa chevelure a des boucles légères qui caressent son cou. Il sourit plus agréablement que la mer par un temps calme. Ses yeux d'azur ont des reflets brillants, comme les ondes aux premiers rayons du soleil. Et le reste de son visage? On dirait que les Grâces, après avoir quitté Orchomène et s'être baignées dans la fontaine de Gargaphie, sont venues folâtrer autour de ses joues. Vénus elle-même semble avoir détaché les roses de son sein, pour en former la couleur de ses lèvres. Quoi de plus? Je veux être à lui. Sinon, j'imiterai Sappho la Lesbienne. A défaut du rocher de Leucade, je me jetterai des hauteurs du Pirée.

II

Charope à Glaucippe.

Tu es folle, enfant, sans la moindre lueur de raison. Il te faut plutôt de l'ellébore, non point de l'espèce ordinaire, mais de celle qui vient d'Antycire de Phocide. Tu devrais rougir. As-tu perdu cette pudeur qui sied aux jeunes filles? Voyons, calme-toi, chasse de ta pensée une pareille extravagance. Ah! si ton père en apprenait quelque chose, c'est lui qui n'attendrait pas d'explications pour te jeter dans les flots. Veux-tu donc devenir la pâture des monstres marins?

III

Evagre à Philothère.

Dernièrement, il y avait une grande abondance de poissons. Mais je possédais de vieux filets. Je ne savais que faire. Il me vint une inspiration, qui m'a paru digne de Sisyphe. Ce fut d'aller trouver l'usurier Chrémès et de lui offrir en gage mon embarcation contre quatre pièces d'or, afin de renouveler mes filets. J'arrivai vite chez notre homme. Habituellement, il a la mine renfrognée, les sourcils contractés, les regards de travers. L'espoir de s'approprier ma barque le changea aussitôt. Il adoucit sa sévérité et dérida son front ; il sourit même, en m'assurant qu'il était à mon service. Une si prompte transformation ne promettait évidemment rien de bon. Hélas ! son humanité n'existait qu'à la surface ; car, l'échéance venue, il réclama l'intérêt avec le capital, sans me laisser une heure de répit. Je reconnus alors le véritable Chrémès de Phlia, l'ennemi des gens, celui qui se poste à la porte Dioméе, armé d'un bâton recourbé. Il accourait déjà pour saisir l'esquif. Quel cruel moment ! J'ai eu à peine le temps d'aller à la maison et de détacher du cou de ma femme le collier d'or que je lui avais donné, dans des jours meilleurs. Je le vendis immédiatement au changeur Paséon. Avec l'argent, je pus enfin satisfaire à toutes les exigences de mon bourreau, en jurant bien, cette fois, de ne jamais recourir aux usuriers de la ville, quand il me faudrait mourir de faim. Ne vaut-il pas mieux quitter la vie honorablement que de la devoir à un vieillard abject et cupide.

IV

Tréchédipne à Lopadectambe.

LE gnomon ne marque pas encore la sixième heure et je me sens déjà défaillir, tant j'ai d'appétit. Donne-moi le moyen d'être rassasié, cher ami. J'ai une idée. Si nous renversions, à l'aide d'une corde et d'un levier, la colonne qui supporte ce maudit cadran solaire ; ou bien, si nous tournions le style de manière à l'avancer :

ce serait un vrai tour de Palamède. Je ne puis plus y tenir, la faim m'épuise. Et Théocharès ne se met à table qu'à six heures, quand son esclave vient l'avertir! Il s'agit donc d'employer un stratagème qui le fasse sortir de ses habitudes. On voit que notre hôte a été élevé par un pédagogue rigide et orgueilleux. Son esprit n'a rien de jeune; ses mœurs ont l'austérité d'un Lachès ou d'un Apoléxias. Il est inflexible, même pour son ventre. Jamais il ne mangerait avant l'heure fixée. Hélas!

V

Hectodiocte à Mandilocolapte.

J'AI rencontré hier soir Gorgias, le descendant de Butès. Il m'a bien accueilli et s'est plaint de la rareté de mes visites. Après quelques plaisanteries, il me dit : « Par Jupiter, puisque tu » es un ami, rends-moi service; va chercher la » courtisane Edonion, que j'ai connue autrefois. » Tu l'amèneras. Elle demeure, comme tu sais, » près du Léocorion. Nous aurons un excellent » souper, avec des poissons salés et du vin de

» Mendès, qui ressemble à du nectar. » Là-dessus, il partit ; et je courus chez Edonion lui apprendre que Gorgias comptait sur elle. Il l'avait sans doute mal payée, car sa fureur éclata immédiatement. Pour toute réponse, elle retira du trépied une chaudière d'eau bouillante, qu'elle me lança à la tête. J'ai bien manqué être atteint. La fuite seule m'a fait éviter le danger. Tel fut le résultat de mes belles espérances ! Dans notre condition, il faut plutôt s'attendre à des outrages qu'à des plaisirs.

VI

Artépithyme à Cnisoẓome.

Sɪ j'avais une corde, tu la verrais bientôt à mon cou ; car j'ai assez des mauvais traitements dont les débauchés me régalent dans les festins. Quelle situation ! Je ne puis ni dompter la tyrannie de mon estomac, à la fois insatiable et sensuel, ni habituer ma figure à recevoir impunément des insultes et des coups. Je suis vraiment malheureux ! Sans compter qu'avec les soufflets j'ai un œil à moitié perdu. Voilà donc les maux que nous attire un ventre affamé et glouton! C'est décidé, je quitterai la vie; mais, après un repas somptueux. La mort est préférable à la misère.

VII

Hétémocore à Zomecpnéon.

Ah! l'affreuse journée, que celle d'hier! Quel est le démon ou la divinité descendue du ciel qui m'a délivré, au moment où j'allais rejoindre mes aïeux? Heureusement, le médecin Acésilas m'ayant rencontré inerte, demi-mort, déjà réduit à l'état de cadavre, m'a fait enlever par ses élèves sur un brancard, puis transporter chez lui. Sans de violents vomitifs et d'abondantes saignées, je succombais, insensiblement entraîné dans la tombe. A quels excès m'ont contraint ces riches débauchés, en me forçant de boire et de manger outre mesure, plus que ne le comportait mon pauvre estomac. L'un me bourrait de saucisson, l'autre introduisait entre mes dents d'énormes morceaux, un troisième me versait alors, comme dans un tonneau, non du vin, mais un mélange de saumure, de moutarde et de vinaigre. Combien j'ai rempli de vases, de terrines, de chaudrons, en rendant tout cela ! C'est au point qu'Acésilas, frappé de stupeur, ne pouvait s'expliquer où j'avais logé une pareille quantité de nourriture. Maintenant que les Dieux sauveurs et tutélaires m'ont visiblement tiré d'un grand péril, je renonce au métier, je travaillerai ; et, pour gagner ma vie, j'irai au Pirée porter les marchandises des navires dans les entrepôts. Il vaut encore mieux se contenter de racines et de bouillie, sans exposer ses jours, que de savourer des gâteaux ou des oiseaux du Phase, avec la crainte du trépas.

VIII

Enopectès à Cotylobroctise.

VA, prends ta flûte, des cymbales ; et rends-toi à la première heure de nuit, vers l'impasse dorée, non loin de l'Agnon. Là, on pourra se concerter pour enlever du quartier de Scyros l'hétaïre Clymène et l'amener à l'Exonien Thérippide, dont la fortune est toute récente. Depuis quelque temps, il l'aime avec passion ; il essaye de la séduire par de folles dépenses. Mais, voyant l'ardeur du jeune prodigue, elle fait la dédaigneuse et se montre insensible. C'est une façon de l'exploiter, puisqu'elle refuse d'être à lui, s'il n'ajoute des terres à l'argent déjà donné. Il faut en finir et employer la force, dans le cas où elle résisterait toujours. Deux hommes robustes comme nous s'empareront facilement de la belle. Quand Thérippide apprendra que cet heureux résultat est le fruit de nos veilles, il n'épargnera ni les brillantes pièces d'or ni les splendides habits. Il nous laissera fréquenter sa maison ; nous y jouirons dorénavant de tous les plaisirs, sans rencontrer d'obstacle. Bientôt, nous ne serons plus au nombre des parasites, on nous traitera en amis ; car, ceux dont les services devancent les désirs ne sont point des flatteurs, mais des intimes.

IX

. . . . . .

JE voulais essayer de jeunes chiens à la course, et j'avais fait lever subitement un lièvre, caché par des broussailles. Mes fils ont délié les limiers. Ceux-ci donnèrent bien de la voix, ils furent même sur le point de prendre la bête ; lorsque le lièvre, qui fuyait le danger, gravit une pente et trouva un terrier. Le plus ardent de la meute le poursuivit, la gueule ouverte, jusqu'à sa retraite pour le déloger. Il parvint à l'atteindre ; mais, dans son élan, il se cassa la patte. Triste chasse ! J'ai rapporté un animal boiteux et du gibier presque en lambeaux. Hélas ! je ne cherchais qu'un léger avantage, j'ai éprouvé une véritable perte.

X

Iophon à Eraston.

MAUDIT soit le détestable coq, dont les cris ont troublé mon sommeil, au milieu d'un doux songe ! Qu'il périsse misérablement ! Je m'imaginais, cher voisin, être un illustre personnage, puissamment riche ; de nombreux esclaves me suivaient, ainsi que des intendants, des trésoriers. Mes mains, surchargées de bagues et de pierres précieuses d'une valeur considérable, avaient les doigts lisses, sans callosités, n'offrant nul indice du hoyau. Autour de moi s'empressaient des flatteurs, comme Gryllion et Patécion. En même temps, le peuple athénien, assemblé au théâtre, m'acclamait pour me créer stratége. On allait recueillir les suffrages, quand l'affreux coq chanta... tout disparut... J'étais encore joyeux au réveil ; mais, j'ai réfléchi que nous nous trouvions dans le mois de la chute des feuilles, époque à laquelle les rêves sont le plus mensongers. Adieu mes illusions.

XI

Dryantidas à Chronion.

Tu oublies le lit conjugal, tes enfants, notre vie champêtre, pour ne penser qu'à la ville. Ennemie de Pan et des Nymphes que tu

invoquais sous le nom de Dryades, d'Epimé-
lides et de Naïades, tu introduis chez nous des
divinités nouvelles. On en a déjà tant! Où
placer à la campagne les Coliades, les Génétyl-
lides? J'ai ouï parler d'autres dieux; mais, à
cause de leur multitude, la plupart sont sortis
de ma mémoire. Il me semble, mauvaise épouse,
que la santé de ton esprit laisse à désirer.
Comment! tu veux rivaliser avec ces filles
d'Athènes qui, plongées dans la mollesse, ont
le visage fardé et les mœurs dépravées. Ne se
peignent-elles pas les joues à l'aide du fucus,
de la céruse, du vermillon, mieux que ne sau-
raient le faire d'habiles artistes? Ne les imite
point. Si tu possèdes le sens commun, reste
simple comme autrefois. L'eau pure et le savon
suffisent à une femme honnête.

XII

Pratinas à Epigone.

VERS midi, j'ai choisi un pin exposé au vent,
afin de braver sous son ombre l'ardeur du
soleil. Je reposais là très agréablement, lorsqu'il

me vint à l'idée d'essayer un peu de musique. Je pris ma flûte; puis, après avoir promené ma langue et mes lèvres sur les tuyaux, je fis entendre une mélodie douce et pastorale. Mes chèvres, attirées je ne sais comment par le charme du son, arrivèrent de toutes parts autour de moi, abandonnant les arbousiers et l'asphodèle, pour ne plus songer qu'à la musique. Je représentais alors le fils de Calliope, au milieu des Edoniens. L'unique but de cette histoire est d'informer mon ami que j'ai un troupeau sensible à l'harmonie.

XIII

Callicrate à Egon.

En pleine saison, j'avais tracé des emplacements et creusé des tranchées. Je comptais y planter quelques oliviers et les arroser avec de l'eau courante, alimentée par les ruisseaux du voisinage. Malheureusement, il survint une pluie torrentielle qui, durant trois jours et trois nuits, précipita du sommet des montagnes de véritables fleuves, dont le cours impétueux a comblé les fossés de limon. Maintenant, mes champs ont le même niveau; il n'existe aucun vestige de culture, toute ma peine est perdue! L'endroit a pris un aspect uniforme et désolé. Qui voudra se donner encore du mal, pour avoir seulement de vagues espérances, en retour de ses travaux? Je vais chercher un autre métier. On dit que la Fortune favorise le changement.

XIV

Sitalcès à Enopion.

Si tu veux imiter ton père, cher enfant, et suivre mes conseils, n'écoute pas ces charlatans qu'on voit errer, pieds nus et la face blême, autour de l'Académie. Ils ne peuvent ni faire ni enseigner rien d'utile, ils ne savent point le premier mot de la vie; en revanche, ils s'occupent fort des choses célestes. Laisse ces gens-là, travaille, contente-toi de cultiver la terre. Il n'y a qu'elle pour remplir ton grenier de céréales, tes amphores de vin, et ta maison de richesses.

XV

Cotinus à Trygodore.

VOICI la vendange, il me faut des paniers; prête-m'en donc quelques-uns, s'il t'en reste : je te les rendrai bientôt. De mon côté, j'ai des tonneaux; si tu en as besoin, prends-les hardiment. C'est aux champs que la communauté doit surtout exister.

XVI

Phyllis à Thrasonide.

SI tu voulais être sage, Thrasonide, obéir à ton père, devenir agriculteur, tu pourrais présenter aux Dieux du lierre et des lauriers, du myrte et des fleurs, chaque saison; tu nous apporterais le blé de ta moisson, le vin de ton pressoir, le lait de tes chèvres. Mais tu dédaignes la campagne et le labourage; tu ne vois rien au-dessus d'un bouclier ou d'un casque à triple panache, absolument comme les mercenaires d'Acarnanie ou de Mélos. Renonce à de pareilles idées, mon enfant; reviens vers nous mener une vie tranquille : les champs offrent plus de sécurité. On y est à l'abri du danger, sans avoir à redouter les cohortes, les phalanges, les embuscades. Et puis, la vieillesse approche, quel sera notre soutien? N'hésite pas. Il vaut mieux une existence assurée qu'une carrière pleine de périls.

XVII

Chérestrate à Lérion.

PUISSES-TU mal finir, Lérion, pour m'avoir enivré de vin et de musique, au point de m'attirer les reproches des gens qui m'ont envoyé à la ville. Dès la première heure, ils m'attendaient avec les amphores que je devais leur livrer. J'étais cependant venu à cause de cela. Mais, en messager fidèle, je me suis amusé toute la nuit; et, sous le charme de ta flûte, j'ai dormi jusqu'au jour! Va-t'en, méchante, essaye de séduire d'autres infortunés par tes agaceries. Moi, je n'entends plus être enjolé; sinon, il t'arriverait malheur.

XVIII

Eustachys à Pithacion.

JE fête la naissance de mon fils ; tu assisteras au repas, cher Pithacion. Je ne t'invite pas seul ; tu amèneras ta femme, tes enfants, ton valet, et même le chien si cela t'arrange. Il est de bonne garde et ses aboiements effrayeront ceux qui en voudraient à nos troupeaux. D'ailleurs, il ne sera pas de trop, il aura sa part comme nous. On célébrera joyeusement cette journée, nous boirons jusqu'à l'ivresse ; une fois rassasiés, nous chanterons. Si quelqu'un sait danser, il s'avancera au milieu de nous et divertira l'assemblée. Réponds-moi de suite ; car il faut, dans les grandes occasions, s'y prendre dès le matin pour préparer un banquet.

XIX

Pithacion à Eustachys.

Toi qui fais volontiers partager tes plaisirs aux amis, reçois nos vœux, cher Eustachys, ainsi que ta famille. Mais, excuse-moi. Je viens de découvrir le voleur contre lequel j'étais si irrité, depuis qu'il m'avait enlevé un manche de charrue et deux faulx. Je le surveille, en attendant le secours des voisins. A cause de ma faiblesse, je n'ai pas osé m'emparer de lui, tout seul. Il a le regard farouche, les sourcils froncés ; ses épaules sont larges, sa cuisse paraît solide ; tandis que je suis épuisé par le travail et le maniement du hoyau, j'ai les mains calleuses, ma peau ressemble à la dépouille d'un serpent. Cela n'empêchera point la femme et les enfants de faire honneur à ton festin. Quant à notre serviteur, il se trouve malade pour l'instant ; je ne puis donc quitter la maison. Je resterai avec le chien ; nous garderons le prisonnier.

XX

Napée à Créniade.

Tu te rappelles le jour où mon âne était tant chargé de figues ? Eh bien ? je l'ai mis à l'écurie, après avoir vendu ma marchandise, et je me suis laissé conduire au théâtre par un ami, qui m'a donné la meilleure place. Que de variété dans ces spectacles ! Je ne saurais vraiment dire ce qu'on y voit. D'ailleurs, l'intelligence me manque pour comprendre et raconter de pareilles choses. Il en est une cependant qui m'a rendu presque muet d'étonnement : un individu s'est avancé vers l'assemblée avec une table en forme de trépied. Il y posa trois coupes renversées, sous lesquelles il cacha de petits cailloux blancs et arrondis, comme il en existe au bord des torrents. Tantôt il les faisait passer d'une coupe à l'autre, tantôt il les montrait tous sous une seule ; puis, ils disparaissaient d'eux-mêmes, j'ignore comment, pour se retrouver dans sa bouche. Les ayant ensuite avalés, il appela sur la scène quelques spectateurs, et il leur tira du nez, de l'oreille, de la tête, ses fameux cailloux qu'il finit par escamoter complétement. Voilà un adroit fripon, beaucoup plus fort que cet Eurybate d'Œchalie dont nous avons entendu parler. Je ne souhaite pas sa présence au milieu de nos champs; comme personne ne pourrait le prendre, il dévaliserait la maison sans qu'on s'en aperçût. Que deviendrait alors le fruit de mes travaux?

XXI

Eunape à Glaucé.

Mon mari est à la ville depuis trois jours; et, en son absence, il me reste Parménon, que nous avons loué pour le service de la ferme. Quel fléau! C'est un grand lâche qui passe tout son temps à dormir. Tu vas en juger. Nous avions dans le voisinage un loup dont l'horrible aspect annonçait les instincts féroces. Il lui a laissé prendre, sur le haut des rochers, notre plus belle chèvre, Chioné, celle qui donnait de si bon lait. Pauvre bête! Son ravisseur s'en régale tandis que je répands des larmes.

Mon homme ne sait pas cela. Quand il l'apprendra, le mercenaire fera bien de s'accrocher à un arbre et le loup de s'enfuir au loin ; car il n'épargnera rien pour se venger.

XXII

Polyalsus à Eustaphyle.

J'avais tendu un piége, garni de viande, à d'affreux renards qui ravageaient les vignes. Si, au moins, ils s'étaient contentés de grapiller quelques grains ! Mais non ; ils finirent par enlever les raisins et arracher les ceps. Quelle situation ! On annonçait l'arrivée du maître. Il a la réputation d'un homme dur, violent, tracassier ; dans les assemblées, il fatigue les Athéniens d'éternelles propositions ; sans compter que ses méchants discours ont amené bien du monde devant le tribunal des *Onze*. Avec un tel personnage, ne devais-je point redouter le même sort ? C'est pourquoi je voulais lui livrer le voleur de ses raisins ! Hélas ! aucun renard ne vint se faire prendre. En revanche, Plangon, le petit chien de Malte, qu'on nourrissait ici pour l'agrément de notre maîtresse, a senti l'appât du piége; il s'est jeté dessus, poussé par sa gourmandise habituelle. Depuis trois jours il repose sans vie, étendu sur le dos, presque en putréfaction. Tous les malheurs m'accablent à la fois. Quel pardon espérer d'un homme aussi cruel? Fuyons plutôt vivement. Adieu la vie champêtre et ce qui me rendait heureux! Je puis encore m'échapper; n'attendons pas le châtiment, prévenons-le.

XXIII

Thallus à Pityste.

J'AIME les fruits de la terre, car les récoltes récompensent nos peines; mais je préfère le produit de la ruche. Je viens de visiter plusieurs essaims, pris dans les rochers. Ils m'ont fourni des gâteaux de miel, tout frais. J'en ai d'abord offert les prémices aux Dieux; je pense maintenant à mes amis. Je t'adresse donc quelques rayons bien blancs et délicieux. On dirait du véritable miel attique, comme celui du mont Brilèse. Je t'envoie cela pour l'instant; l'année prochaine, mon cadeau sera plus considérable, peut-être meilleur.

XXIV

Philopœmen à Moschion.

Il me semble nourrir un loup chez moi. Mon scélérat d'esclave tombe sur mes chèvres et n'en épargne aucune; il a vendu les unes, immolé les autres! A force de s'emplir le ventre, le goinfre paraît enflé. Ses dépenses ne s'arrêtent pas. Il lui faut des divertissements, des joueuses de flûte; ou bien il court les boutiques des parfumeurs. Pendant ce temps-là, l'étable est vide, le troupeau se disperse. Je compte me venger, mais je ne dis mot pour que le brigand ne soupçonne rien; sans quoi, il m'échapperait par la fuite. J'espère ainsi le surprendre. Si j'arrive à m'emparer de lui, il aura les mains liées et traînera de lourds fardeaux. Plus tard, la fourche, le râteau, la pioche, lui feront oublier ses funestes penchants. Il apprendra forcément la sobriété, au milieu des rudes travaux de l'agriculture.

XXV

Hylé à Nomius.

Tu fréquentes trop la ville, Nomius. Nos champs abandonnés ne produisent plus, faute de soins. Que devenir? Moi, je reste à la maison, avec une servante; je berce les enfants. Mais, toi, malgré tes cheveux blancs, tu fais le jeune homme. J'apprends que tu ne quittes ni le quartier de Sciros ni le Céramique. C'est, dit-on, le rendez-vous des gens mal famés, qui vont y passer leur vie dans l'oisiveté et la débauche. Quelle honte!

XXVI

Lénée à Corydon.

Tantot, je venais de nettoyer la grange, après avoir vanné du grain, lorsque le maître est arrivé. Il louangea mon activité. Mais il surgit aussitôt, on ne sait d'où, un génie Corycien, probablement l'horrible Strombichus. Il profita de ce que je suivais le patron, pour prendre la casaque dont je m'étais débarrassé pendant mon travail. Il l'a emportée sur ses ailes ! En dehors de la perte, il me rend ainsi la risée de mes camarades. Quelle mésaventure !

XXVII

Gémellus à Salmonis.

POURQUOI donc afficher tant d'orgueil, Salmonis ? Tu oublies que je t'ai tirée de l'échoppe d'un tailleur boiteux ; et encore, tu y étais à l'insu de ta mère. Ne t'ai-je pas, depuis, installée à la maison, comme une femme légitime ? Aujourd'hui, tu fais la fière, vile créature ; tu me ris au nez, en signe de mépris ! Malheureuse ! quitte cette insolence ou je te montrerai que ton amant est ton maître. Je t'enverrai griller l'orge aux champs. Tu verras alors les maux qui te seront réservés.

XXVIII

Salmonis à Gémellus.

J'AIME mieux tout souffrir que de dormir avec toi, maître. Cette nuit, je n'avais point pris la fuite pour me cacher dans les buissons, comme tu l'as cru ; je m'étais blottie sous la huche, après l'avoir renversée sur moi. Maintenant, j'ai résolu de me pendre. Devant la mort, je ne crains pas de parler ouvertement. Apprends donc que je te hais, Gémellus. La masse de ton corps me dégoûte, tes airs de bête fauve m'effrayent, l'odeur de ta bouche m'infecte. Affreux homme ! puisses-tu périr misérablement ! En attendant, va trouver quelque vieille édentée, toute parfumée d'huile rance.

XXIX

Orius à Antophorion.

JE te croyais un homme simple, Antophorion, un vrai campagnard, sentant le marc d'olives et bravant la poussière ; je ne te savais point habile orateur, capable de surpasser ceux qui s'occupent des intérêts publics, au tribunal de Métichée. Il paraît que tu plaides des causes devant le magistrat du village ; et depuis ce moment, il n'en est pas une que tu n'aies gagnée. Courage ! avec ta langue, tu deviendras plus bavard qu'une tourterelle. On dirait que Mercure te favorise exprès pour moi. Je suis journellement exposé à la cupidité de gens qui en veulent à mon bien ; tu me défendras. J'adore cependant la tranquillité ; mais ma négligence m'attire souvent de fâcheuses affaires.

XXX

Ampélion à Evergès.

L'HIVER est dur cette année, nul ne peut sortir. La neige couvre la terre ; elle a blanchi les collines et les vallées. Il faut donc renoncer à travailler, bien qu'il soit honteux de demeurer oisif. Pour me distraire, j'ai essayé de regarder dehors. A peine ma porte fut-elle ouverte que j'aperçus, avec la neige qui tom-

bait, tout un peuple de merles et de grives.
J'avais de la glu préparée dans un vase, j'en ai
vite enduit des branches de poiriers sauvages.
Les oiseaux s'y précipitèrent en foule. Ils se
trouvèrent pris aux rameaux. C'était vraiment
plaisir de voir, les uns suspendus par les ailes,
les autres par la tête ou les pattes. J'ai choisi
parmi eux vingt-cinq des meilleurs et des plus
dodus. Je te les envoie. Les honnêtes gens doivent se partager les bonnes choses, quitte à
faire enrager de mauvais voisins.

XXXI

Philocome à Thestylle.

JE ne suis jamais descendu à Athènes ; j'ignore
encore ce qu'on appelle une cité. Je désire
jouir de ce spectacle, contempler des hommes
enfermés dans la même enceinte, et connaître
enfin la différence qui existe entre les citadins
et les campagnards. Si tu as l'occasion d'aller
à la ville, viens me prendre. Nous irons ensemble. Je crois avoir besoin de m'instruire
davantage, maintenant que la barbe commence

à me pousser au menton. Et qui pourrait mieux que toi m'initier aux mystères de la ville ? Tu en franchis assez souvent les portes.

XXXII

Scopiade à Scotion.

GRANDS Dieux! le vilain vice que l'ivresse, cher ami! J'ai assisté à un repas de débauchés; ils étaient tous gorgés de vin. Certes, on n'y buvait pas avec modération : la coupe circulait continuellement; et il fallait la vider, car on avait établi une peine contre ceux qui la refuseraient. Elle consistait à donner un festin, le lendemain. Forcé de faire comme les autres, j'ai avalé plus d'une outre entière. J'en suis malade. Depuis trois jours, je me sens la tête lourde et l'estomac embarrassé.

XXXIII

Anthylle à Coriscus.

LES fleuves peuvent donc remonter vers leur source, Coriscus, puisque, malgré ton âge et de nombreux enfants, tu t'amouraches d'une joueuse de cithare, sans craindre de me briser le cœur ? Tu m'abandonnes, moi qui t'ai consacré trente années de ma vie ; et tu entoures de tendresses une fille, une insigne coureuse qui a déjà dévoré tous tes biens. Les jeunes gens te plaisantent : cela ne t'émeut guère. Pauvre vieillard, triste jouet d'une prostituée !

XXXIV

Gnathon à Callicomide.

TU connais Timon, fils d'Echécratide, qui habitait le Colytte. Il était alors opulent ; aujourd'hui, il se trouve dans la misère, après avoir prodigué sa fortune à des courtisanes et à des parasites, comme nous. Les malheurs ont changé son opinion sur l'humanité. Il est devenu aussi misanthrope que le farouche Apémantus. Retiré au milieu d'un champ, il jette des pierres à ceux qui passent ou il se cache pour ne rencontrer personne, tant il abhorre ses semblables. D'un autre côté, les nouveaux enrichis parmi les Athéniens sont plus avares que Phidon ou Gniphon. Comment subsister désormais? Il faut émigrer et demander sa vie au travail. Je te prie donc de m'employer à la campagne, même en qualité de mercenaire. Je supporterai tout, pourvu qu'il me soit possible de calmer mon insatiable appétit.

XXXV

Thalliscus à Pétrée.

IL règne en ce moment une grande sécheresse et pas un nuage ne s'élève sur l'horizon. On a besoin d'eau; le sol est si aride, nos terres ont soif. Vainement, nous avons présenté des offrandes à Jupiter Pluvieux, il ne nous écoute point. Les habitants du bourg ont cependant rivalisé de leur mieux pour lui plaire. Chacun, selon ses moyens, a contribué aux sacrifices. L'un a donné son bélier, celui-ci son bouc ou sa chèvre. Les moins riches ont offert des gâteaux; les gens pauvres, des grains d'encens. Il est vrai qu'on n'a immolé aucun taureau ; mais nous manquons de gros bétail, dans notre territoire de l'Attique. Toutes nos dépenses ne servent à rien! Jupin néglige notre pays. S'occuperait-il d'autres régions?

XXXVI

Pratinus à Mégalotélès.

Ah! le fâcheux soldat que nous ont amené, hier soir, les mauvais destins. Dès son arrivée, il ne cessa de nous fatiguer d'histoires sur les décuries, les phalanges, les piques, les boucliers et les catapultes. Il raconta ensuite comment il avait mis les Thraces en déroute et percé leur chef de javelots ; comment, plus tard, il traversa de sa lance le corps d'un Arménien. Il voulut enfin nous dépeindre minutieusement les captives qu'il prétend avoir reçues des généraux, pour prix de ses prouesses. Je lui ai versé alors une énorme coupe de vin, espérant guérir son bavardage. Il l'a bien avalée ainsi que beaucoup d'autres; mais, il ne s'est pas arrêté. Il parle encore !

XXXVII

Epiphyllis à Amaracyne.

JE venais de tresser une couronne et j'allais la consacrer dans le temple d'Hermaphrodite, à la mémoire de mon époux, lorsque j'aperçus aussitôt de jeunes insolents, qui se dirigeaient contre moi. Moschion les conduisait. Tu sais combien il m'a créé d'ennuis, depuis la perte de l'infortuné Phœdrias, avec ses poursuites, ses demandes en mariage. Je l'ai toujours refusé, par pitié pour mes enfants, et à cause du souvenir de leur père, dont l'image m'était encore présente devant les yeux. Je ne croyais guère me réserver un cruel hymen et avoir une forêt comme lit nuptial. C'est cependant ce qu'il advint, grâce aux embûches de Moschion. Il m'entraîna vers un endroit touffu, où l'ombrage des arbres ne laissait point pénétrer les rayons du soleil; et là, au milieu des fleurs, sur des feuilles éparses, je rougis de le dire, chère amie, il n'a pas craint d'employer la violence... Cet événement me donne un mari; malgré moi assurément, mais je l'ai. Qu'on est heureux de ne point subir des choses contraires à sa volonté! Quand on n'a pas ce bonheur, il faut cacher ses mésaventures. Garde donc le secret.

XXXVIII

Eudicus à Pasion.

J'ai un méchant esclave Phrygien, que la campagne achève de perdre. Je pensais l'avoir bien choisi, en l'achetant à la nouvelle Lune; aussi, je l'appelais Nouménios. Il me paraissait robuste, d'une mine éveillée, et je l'avais emmené volontiers, pour cultiver la terre. Mais c'est un véritable fléau. Il dévore la nourriture de quatre pionniers; et, si on le tolérait, il dormirait autant qu'un certain Epiménide de Crète, dont les vieux sophistes racontent des merveilles; ses nuits s'éternisent, comme celle

où fut procréé Hercule. Que faire? Dis-le moi,
ô le meilleur de mes compagnons. Hélas! je
suis ruiné par l'acquisition d'un pareil animal.

XXXIX

Euthydique à Epiphanion.

Au nom des Dieux et des Génies, laisse un
instant, ma mère, tes rochers et ton champ.
Viens admirer ce qu'il y a de beau dans la ville.
N'attends pas au dernier moment. Que d'occasions tu négliges! les Haloènes, les Apaturies,
les Dionysiaques, et la grande fête des Thesmo-
phories qu'on célèbre maintenant! Hier, a eu
lieu l'Ascension. Le peuple jeûne aujourd'hui;
il sacrifiera demain à Calligénie. En te hâtant,
tu peux arriver le matin avant l'aurore et assister à la cérémonie, avec les femmes d'Athènes.
Allons, n'hésite pas; je t'en supplie, par intérêt
pour mes frères et pour moi. Il n'est pas permis
de quitter la vie sans voir une cité, à moins
d'être sauvage ou farouche... Je vais un peu
loin, ma mère. Excuse-moi. Je désire tant ta
présence. D'ailleurs, on doit parler franchement

aux hommes; à plus forte raison à ses parents.

XL

Philométor à Philise.

J'AVAIS envoyé mon fils vendre à la ville de
l'orge et du bois, en lui recommandant de
revenir le même jour avec l'argent. Mais il
s'est attiré la colère de je ne sais quelle divinité, qui l'a complétement changé et jeté hors
du bon sens. Il a rencontré un de ces furibonds,
que leur rage fait justement appeler Cyniques,
et il s'est empressé d'en imiter les extravagances. A présent, il surpasse son maître. Quel
aspect horrible et repoussant! On l'aperçoit
sans cesse secouer sa chevelure sale ou lancer
d'affreux regards; à peine couvert d'un manteau, affublé d'une maigre besace et armé d'un
énorme bâton de poirier, il s'avance fièrement,
pieds nus, crasseux, épouvantable! Il ne con-
naît plus notre maison, ni personne; il nous
renie, prétendant que la nature produit tout
et que la naissance ne vient pas des parents,

mais du mélange des éléments. Comme il méprise l'aisance, il abhorre le travail. Quant à la pudeur, il s'en préoccupe peu ; il ne recule devant aucune honte... Hélas ! Pauvre agriculture, combien ces écoles d'imposteurs t'ont porté préjudice ! J'en veux à Solon et à Dracon d'avoir jugé dignes de mort ceux qui prennent du raisin, tandis qu'ils laissent impunis ceux qui enlèvent la raison des jeunes gens et les réduisent à l'esclavage.

XLI

Dryadès à Mélion.

Je t'ai adressé les toisons de mes meilleures brebis de Décélie. Celles qui n'étaient pas saines, je les ai abandonnées à mon berger Pyrrhias, afin qu'il en tire du profit, avant qu'elles dépérissent entièrement. Tu as donc d'excellente laine et suffisamment pour nous fabriquer des vêtements de toutes saisons. Arrange-toi de façon à ce que les étoffes d'été soient légères, et que celles d'hiver aient la trame plus épaisse, plus serrée. Les unes, par leur finesse, servent à couvrir le corps sans entretenir la chaleur; mais les autres, par leur poids, éloignent le froid et garantissent du vent. Notre fille, d'ailleurs, s'occupera du tissage avec les servantes. Elle est déjà nubile; elle doit travailler. Il faut qu'en entrant dans la maison d'un mari, elle ne nous fasse point rougir d'être ses parents. Tu n'ignores pas que les femmes, vraiment laborieuses, ou attachées au culte de Minerve, ont des goûts modestes et des mœurs pures.

XLII

Ragestrangise à Staphylodémon.

ME voila ruiné! Moi, qui hier étais si magnifiquement vêtu, je cache aujourd'hui ma misère sous des habits grossiers, à moitié déchirés. Ce coquin de Patécion m'a dépouillé! Tu sais combien j'avais d'argent. Grâce à son adresse aux dés, tout est raflé : les drachmes et les oboles. J'aurais pu accepter cette perte pour en éviter une plus grande; mais, la colère aidant, je me suis réduit à la dernière extrémité.

Défié au jeu, j'ai retiré l'un après l'autre chacun de mes vêtements, qui m'ont été encore gagnés. A la fin, j'étais nu. Où aller maintenant? La bise souffle avec véhémence; elle me perce les flancs, comme un trait. Ma seule ressource est le Cynosarge. Là, sans doute, un jeune riche, ému de pitié, m'accordera quelque défroque; ou bien je m'installerai aux fourneaux publics qui s'y trouvent. Leur feu réchauffera mes malheureux membres. Dans l'état de nudité, la flamme et le soleil tiennent lieu de fourrure et de manteau.

XLIII

Psicoclaustès à Bucion.

IL y a trois jours, après m'être fait raser la tête et être allé aux bains de Sérangium, en compagnie des parasites Struthion et Cynédus, nous prîmes, vers la cinquième heure, le chemin du faubourg d'Ancyle, où réside l'adolescent Chariclès. Il nous reçut familièrement, attendu qu'il aime volontiers à rire et à dépenser. Nous l'avons, en revanche, beaucoup diverti ainsi que ses convives, avec nos jeux, nos plaisanteries et nos vers anapestiques qui contenaient des révélations piquantes, pleines de finesse et d'atticisme. Le festin en était à ce point de gaieté et d'agréable humeur, lorsque apparut subitement le morose, le brutal Smicrinès, suivi d'une troupe d'esclaves. Ils envahirent aussitôt la place. Smicrinès se mit à bâtonner les épaules de son fils Chariclès, qu'il souffleta ensuite et entraîna ignominieusement. Quant à nous, sur un signe du vieillard, on nous lia les mains derrière le dos, on nous laboura les côtes d'innombrables coups de fouet et on nous jeta enfin en prison. Les portes nous furent heureusement ouvertes par l'obligeant Eudème, un des principaux juges de l'Aréopage, celui qui nous admettait autrefois dans ses parties de plaisir. Sans lui, nous aurions été livrés au peuple. Car notre odieux et cruel ennemi, n'écoutant que sa fureur, avait tout tenté pour nous envoyer au supplice comme des meurtriers ou des sacriléges.

XLIV

Gnathon à Licopinace.

ON ne s'occupe pas plus de nous que des Mégariens ou des Eginètes; Gryllion seul a les succès et domine la cité. Pareil au philosophe Cratès de Thèbes, chaque maison s'ouvre devant lui. Je crois vraiment qu'il se sert de quelque vieille Thessalienne ou d'une sorcière d'Acarnanie, pour fasciner la malheureuse jeunesse. Qu'a-t-il, en effet, de si séduisant? Il ne possède ni esprit ni conversation. Et cependant, les Grâces semblent l'avoir comblé. On l'entoure de soins affectueux et empressés, tandis qu'on nous accorde à peine la nourriture des chiens. Mais, pourquoi l'accuser de magie? Il use sans doute des faveurs de la Fortune, cette souveraine de nos destinées. Elle peut tout sur l'humanité : la sagesse n'y fait rien. Quand elle vous protége, on est sûr de plaire et de réussir.

XLV

Trapézolicon à Psicodialecte.

J'AI été bien affligé de savoir l'accident sur-
venu à ta figure, mon brave Psichion. Si la
chose s'est passée comme nous l'a racontée
Lérione, la petite suivante de la danseuse
Phyllis, il paraît qu'au sortir du repas, il t'a
fallu soutenir une véritable guerre et même un
siége terrible, sans baliste ni machine. J'apprends qu'en effet le cher hôte, ce vil débau-
ché, a brisé sur toi sa coupe avec tant de violence que les éclats ont fait jaillir le sang de
ton nez et de ta joue, aussi abondamment
qu'une fontaine des monts Géraniens. Qui voudra désormais supporter de tels misérables,
s'ils vendent à ce prix leurs soupers ? Devons-
nous donc les acheter au péril de la vie, et,
pour ne pas mourir de faim, chercher des aliments à travers mille dangers ?

XLVI

Stemphylochéron à Trapézocaron.

O l'heureuse chance ! quelle aubaine ! Mais, de quoi s'agit-il ? diras-tu. Patience ! je vais te raconter mon histoire. Tu n'ignores pas qu'on vient de célébrer ici la fête appelée Couréotis. Invité ce jour-là à égayer un festin, j'avais, en dernier lieu, exécuté une danse échevelée. Les convives buvaient sans se lasser. Ils comptaient prolonger encore leurs ébats, lorsque l'ivresse domina bientôt le banquet. Tout le monde, jusqu'aux esclaves, finit par pencher la tête et succomber au sommeil. Quelle occasion ! Je regardai s'il était possible d'emporter les vases d'argent ; on les avait prudemment retirés avant l'orgie et placés dans un endroit sûr. Je dus me contenter de la nappe. Je la glissai sous mon bras, et je m'enfuis tellement vite, que je perdis une de mes sandales. Tu verras la beauté de l'étoffe. Entièrement tissée de lin d'Egypte et teinte en pourpre d'Hermione, elle est d'une extrême finesse et du plus haut prix. Si j'arrive à la vendre avec sécurité, je te promets un fier régal chez le cabaretier Patécion. Nous avons essuyé ensemble bien des avanies, il est juste que le compagnon de nos malheurs partage la bonne fortune.

XLVII

Horologius à Lacanotomase.

GRACE à Mercure, dieu du gain, et avec l'aide d'Hercule, protecteur des mortels, me voilà sauvé et dorénavant à l'abri de tout danger. Figure-toi qu'après avoir enlevé l'aiguière d'argent du riche Phanios, je pris vivement ma course au milieu d'une nuit orageuse, espérant me mettre en sûreté quelque part. Mais les chiens de la maison, répandus aux alentours, firent aussitôt retentir des aboiements formidables et s'élancèrent sur mes traces. C'étaient d'horribles Molosses et de farouches Crétois. Ils pouvaient aisément me traiter comme ceux qui offensent Diane et dévorer mon corps, au point de n'en laisser que les extrémités. Quel aspect, le lendemain, pour les âmes charitables qui auraient consenti à m'ensevelir! Par bonheur, j'aperçus un fossé isolé et peu profond; je m'y précipitai. Il n'était que temps. Je frémis encore en te contant la chose. Vers le matin seulement, les affreuses bêtes cessèrent leurs cris : on les avait sans doute enchaînées. Je profitai du moment et j'atteignis promptement le Pirée. Il s'y trouvait un vaisseau sicilien près de lever l'ancre; je vendis enfin l'aiguière au patron, qui m'en paya le prix argent comptant. Aussi, je suis revenu encombré de monnaie. J'ai l'air d'un nouvel enrichi : mon ambition ne s'arrête plus. Je voudrais m'entourer de flatteurs, nourrir des parasites et renoncer au métier. Mais, si j'en dépense les bénéfices, il faudra végéter. Qu'importe! Je reprendrai ma première condition. Un chien, qui a rongé du cuir, n'en perd pas l'habitude.

XLVIII

Philoglypte à Mapaphase.

Que la peste étouffe cet histrion tragique de Licymnius ou qu'il devienne muet! Il le mérite bien. Après avoir vaincu ses rivaux Critias de Cléonée et Hippasis d'Ambracie, dans les *Propompes* d'Eschyle, grâce à une diction moins embarrassée et plus bruyante, n'at-il pas eu l'idée, tout gonflé d'orgueil et couronné de lierre, d'organiser un banquet et de m'inviter pour le distraire. Hélas! quels affronts j'ai endurés! On s'est amusé à me couvrir les cheveux de poix, à m'asperger les yeux de saumure, à m'offrir des pierres enduites de miel en guise de gâteaux, tandis que les autres mangeaient des tartes au fromage ou des galettes de sésame. Hyacinthis de Phénée, cette petite courtisane nouvellement débarquée au Céramique, dépassa les bornes de la plaisanterie. Elle eut l'impudence de remplir de sang une vessie, dont elle m'inonda sans pitié, après l'avoir fait éclater sur ma tête avec fracas. Les convives rirent alors à gorge déployée. Si, au moins, j'avais retiré quelque profit de toutes ces avanies! Mais non. L'unique dédommagement de mes maux a été d'absorber d'énormes quantités de nourriture; pas davantage. Que ce Licymnius, l'ennemi des Dieux, périsse donc bientôt et misérablement! En attendant, je lui monte une cabale avec les gens de théâtre. Nous l'appelons déjà, à cause de sa voix discordante: l'*Alouette huppée*. Adieu.

XLIX

Capnosphrantès à Aristomaque.

Puissant génie, qui dispose de mon sort, combien tu m'affliges de me laisser éternellement dans la misère! Si les invitations continuent à devenir aussi rares, je serai forcé de manger du cerfeuil et des coquillages ou de m'emplir l'estomac d'herbe et d'eau des Neuf-Fontaines. On m'engageait autrefois, quand mon corps avait assez de jeunesse et de vigueur pour souffrir; je pouvais tolérer les injures, supporter les outrages. Maintenant cela m'est impossible. Ma chevelure blanchit et le reste de mon existence appartient à la vieillesse. Je ne vois guère de remède à mes malheurs qu'une bonne corde d'Haliarte, afin de me pendre devant la porte Diphyle, si la Fortune ne m'offre rien de mieux. Quoi qu'il arrive, je ne m'étranglerai pas avant d'assister à un festin somptueux. J'attendrai le brillant et magnifique mariage de Chariton et de Léocratis, qui doit avoir lieu après la nouvelle lune du mois Pyanepsion. J'espère bien aller au repas le premier jour, ou du moins le lendemain ; car les noces exigent de la gaieté, et par conséquent des parasites. On aura beau faire. Il n'y a point de vraie fête sans nous. Sinon, ce n'est plus une réunion d'hommes, mais d'animaux.

L

Bucopnictès à Autopicte.

JE suis scandalisé de la conduite de Zeuxippe envers Philèbe. L'indigne courtisane ne se contente pas de lui extorquer beaucoup d'or et d'argent, elle veut aussi ses maisons et ses

champs. Pour exciter davantage sa passion,
elle feint d'adorer un jeune Eubéen. De cette
façon, après avoir dépouillé l'un, elle pourra
ruiner l'autre en exploitant son amour. Cela
m'écœure de voir s'écouler ainsi de grandes richesses, laissées par d'honnêtes parents, comme
Lysias et Phanostrate. Ce qu'ils amassèrent
obole sur obole, une femme impudique, une
vile prostituée, le dévore en un instant. J'ai
pitié de leur fils : il nous avait témoigné tant
de bienveillance, lorsqu'il fut maître de sa
fortune! Nos affaires, d'ailleurs, vont en pâtir.
Car, si le peu qui reste au pauvre garçon devient la proie de Zeuxippe, quel profit tirerons-
nous de son opulence? Aucun; de par les Dieux!
Philèbe, tu le sais, est simple, doux, modéré, à
l'égard des parasites; il aime mieux rire de nos
chansons et de nos plaisanteries que de nous
accabler d'insultes. Comment ne point le regretter?

LI

Lémocycle à Psicléolobe.

MAINTENANT que je connais l'Eurotas, les
eaux de Lerne et les sources de Pirène,
je soupire après la fontaine Callirrhoé : j'ai
hâte de quitter Corinthe et de gagner Athènes.
Aucun plaisir ne m'a charmé en ces lieux; je
les abandonne volontiers pour courir au logis.
Les gens du pays sont peu aimables. Ils n'én-
tendent rien aux banquets : chez eux, on récolte plus d'injures que de profits. Combien je
préfère manger dans l'Attique de simples figues,
vertes ou sèches! L'or des Corinthiens fait
maigrir. Quelles nouveautés n'ont-ils pas ima-
ginées! Ils nous forcent à boire en sautant sur
des outres graissées; ils nous versent du vin
âpre et brûlant, avec défense d'y mettre de
l'eau; ils nous jettent, comme à des chiens, les
restes, les os, les tripes; sans parler des verges,
des étrivières et des coups de fouet dont les
convives régalent nos épaules, en guise d'amu-
sement. O Minerve protectrice, sauvegarde de

la ville, laisse-moi vivre et mourir à Athènes!
Franchement, il vaut mieux avoir son tombeau devant la porte de Diomède ou des Hippades et y être foulé aux pieds des passants,
que de supporter le bonheur du Péloponèse.

LII

Copadion à Evénissus.

Ces étourdis de Gronthon et de Sardanapale
peuvent faire ce qu'ils voudront: cela m'est
égal. Mais je me garderai bien de les aider dans
leurs folles entreprises, quand même l'oracle
du chêne de Dodone m'en démontrerait l'utilité. D'ailleurs, il est rare que la nature donne
aux jeunes gens un esprit droit, sage et modéré. Il faut donc éviter de se compromettre.
Nos individus s'appliquent d'abord à corrompre
la maîtresse de leur hôte. Lorsqu'ils y sont parvenus, ils ne se contentent pas d'amours illicites. Rassasiés bientôt de plaisirs, ils mettent
ensuite la main sur les objets précieux de la
maison et les enlèvent discrètement. De tels
méfaits pourront demeurer cachés pendant

quelque temps : mais certain jour, un voisin bavard, un esclave médisant découvrira la chose. Alors la torture les attend, avec le feu, le fer et tout l'attirail des supplices; ils finiront par la ciguë ou dans le gouffre des criminels. Comme ceux qui auront imprudemment secondé leur audace recevront un pareil châtiment, je m'abstiens.

LIII

Acratolyme à Sconicrate.

HIER, tandis que Carion était occupé près du puits, j'ai pénétré dans la cuisine. Il s'y trouvait un poulet rôti, une marmite de ragoût, un pot de sardines et des loches de Mégare. Je m'emparai du tout; et, après m'être esquivé, j'essayai de me cacher et de manger à mon aise. Faute de mieux, j'accourus au Pécile, où, heureusement, il n'y avait pas d'ennuyeux philosophes. Là, je pus enfin jouir du fruit de mes travaux. En relevant le nez de dessus le plat, j'aperçus au loin un de ces jeunes garçons qui fréquentent les maisons de jeu. Saisi de crainte, je glissai les vivres derrière moi et m'étendis par terre, pour dissimuler mon larcin. Je priais en même temps les Dieux sauveurs de détourner l'orage, leur promettant quelques grains d'encens, ramassés dans les sacrifices et conservés au logis. Bien qu'ils fussent un peu gâtés, cela ne m'empêcha point d'être entendu. Les Dieux firent prendre une autre route à l'importun. Après avoir avalé en toute hâte ce que contenaient les ustensiles, j'allai les porter à un cabaretier de mes amis. Il eut les restes du butin : le pot et la marmite. Ce petit cadeau lui a donné une excellente idée de ma générosité. J'en profiterai.

LIV

Chytrolicte à Patellocaron.

Tu demandes pourquoi je pleure, pourquoi ma tête est brisée, pourquoi mes habits sont en lambeaux. Eh bien, j'ai gagné aux dés, voilà la cause de mon malheur. Aussi, quelle nécessité y avait-il, faible comme je suis, d'aller jouer avec des jeunes gens robustes? A peine eus-je raflé les enjeux et mis mes adversaires complétement à sec, on s'élança sur moi. Les uns se servaient de leurs poings, les autres de pierres; les moins cruels m'arrachaient les vêtements. Vains efforts! je ne lâchais pas la monnaie, préférant plutôt périr que de livrer une parcelle de mon gain. Pendant quelque temps, je le défendis vaillamment, malgré les coups et les blessures. J'avais les doigts tordus, rien n'y faisait; j'endurais tout, comme un Spartiate qu'on éprouve devant l'autel de Diane. Ce n'était pourtant point à Lacédémone que je subissais le supplice, mais à Athènes, de la part des plus infâmes joueurs de la cité! Enfin, les forces m'abandonnèrent; il fallut céder. Les scélérats se mirent alors à me dépouiller. Ils fouillèrent jusque dans mon sein et ne quittèrent la place, qu'après m'avoir entièrement dévalisé. J'aurais dû songer qu'il vaut mieux vivre sans argent que de mourir avec des richesses.

LV

Autoclétès à Hétémariste.

Il n'existe guère de différence entre les gens ordinaires et ces hommes graves qui font parade de vertu ou d'honnêteté, afin d'exploiter la jeunesse. Je te dis cela à propos des fêtes que vient de donner Scamonide, pour célébrer le jour natal de sa fille. Comme tu as perdu de ne pas assister au festin ! Tu aurais jugé les personnages, car notre hôte, non content d'engager de nombreux citoyens d'Athènes, distingués par leur naissance et leur fortune, s'était cru obligé d'orner de sophistes la table du banquet. On y voyait le stoïcien Euthyclès, ce vieillard décrépit à l'aspect dégoûtant, au menton hérissé, à la tête crasseuse et dont le front est aussi ridé qu'une bourse. Puis, il y avait Thémistagoras, le péripatéticien, fier de son physique agréable et de sa barbe frisée. Il s'y trouvait encore l'épicurien Zénocrate qui, malgré des cheveux bouclés, conservait néanmoins l'air respectable, grâce à une barbe épaisse.

Mais le plus illustre, d'après l'opinion de l'assistance, était Archibius, le pythagoricien. Il avait le visage pâle, la chevelure flottante, la barbe longue et pointue, le nez baissé, les lèvres serrées, la bouche contractée en signe d'obéissance et de mutisme. Quant à Pancratès, le cynique, il entra subitement dans la salle en bousculant sans façon les invités. Appuyé sur un énorme bâton de chêne semé de clous d'airain en guise de nœuds, il portait majestueusement à la ceinture son ample besace, pour recevoir des restes... Pendant toute la durée du repas, les autres convives observèrent une tenue convenable; mais, à mesure que le souper s'avançait, les philosophes se révélaient. Ils vidèrent tellement de coupes à leurs santés qu'ils finirent par accomplir des prodiges. Euthyclès, le stoïcien, succombant sous le poids des années et des aliments, ronfla bientôt, étendu tout de son long. Le Pythagoricien, ayant rompu le silence, fredonna des vers dorés sur un rhythme harmonieux. Le magnifique Thémistagoras qui, selon la doctrine des péripatéticiens, ne bornait point le bonheur aux biens de l'âme et du corps, mais y joignait les choses extérieures, ne cessa de réclamer des friandises et plus de variété dans les mets. Zénocrate, l'épicurien, après avoir passé les bras autour du cou d'une musicienne, lui jeta des regards tendres et expressifs, en déclarant qu'elle était vraiment la paix du cœur et le comble de la volupté. Le Cynique eut l'effronterie de sa secte. Pressé d'un léger besoin, il ouvrit d'abord son manteau, qu'il laissa traîner jusqu'à terre, et se mit à son aise. Ensuite, il attira vers lui la chanteuse Doris ; et, en présence de l'assemblée, il exigea d'elle ses faveurs, prétendant que la nature est dans le principe de la génération... Grâce à ces extravagances, on ne s'occupa nullement de nous. Parmi les parasites engagés pour la circonstance, personne ne put montrer son esprit ni divertir la compagnie. On n'avait pas manqué cependant de faire venir Phébiade, le joueur de lyre, et les bouffons Philistiade et Sannyrion. Tout fut inutile et parut indigne des assistants. Les folies des sophistes fixèrent seules l'attention.

LVI

Thambophane à Cypélistès.

Tu as des airs superbes. Je ne m'explique guère cet orgueil et ta démarche hautaine, à la façon de Pythoclès, comme dit le proverbe; surtout, lorsque tu rapportes les débris des festins. Quand cesseras-tu d'emplir continuellement des paniers de nourriture, ainsi que faisait autrefois le grammairien Harpadès qui, pour justifier sa rapacité, citait toujours ce vers d'Homère :

Il faut boire et manger; puis, emporter le reste.

Avec de pareils procédés, tu n'es qu'un misérable. Renonce donc à ton insolence; sinon, nous serons forcés de te jeter honteusement à la porte.

LVII

Enolalus à Potériphliare.

J'AI eu le tort, dans un moment d'ivresse, de tourner en ridicule Zopyre, l'intendant du jeune patron. Depuis cette époque, le maître, ayant probablement les oreilles rebattues de méchants propos, est devenu moins libéral envers moi. Maintenant, il mesure ses dons avec plus de parcimonie. Il avait coutume, les jours de fête, de m'adresser une tunique, un manteau ou une chlamyde; eh bien, aux dernières Saturnales, il m'a simplement gratifié d'une paire de souliers. Son esclave Dromon, envoyé tout exprès, m'apporta fièrement le cadeau et demanda même une récompense pour sa course. Quelle dérision! J'ai beau m'attrister, me mordre la langue, regretter mon imprudence; il est trop tard. Quand la raison ne sait pas retenir les paroles, on fait nécessairement des sottises. Adieu.

LVIII

Alocymine à Philogarèle.

Je me moque de toi et de tes menaces de calomnies. Les lâches accusations ne peuvent rien contre moi. Le soldat de Malée qui nous régale est simple et généreux. Il pense si peu à se montrer jaloux des hétaïres, que récemment, la conversation étant tombée à table sur ce sujet, il traita très durement les gens qui donnent dans un pareil travers. Il disait qu'une vie honnête et sédentaire convient aux épouses légitimes, mais que les courtisanes sont évidemment un bien commun, à la disposition du premier venu. Il les compara aux meubles et aux bains publics dont tout le monde fait usage, quoiqu'ils paraissent n'appartenir qu'à une seule personne. On ne devait point, selon lui, considérer autrement les femmes, pour lesquelles l'amour est une profession. Avec d'aussi belles théories, tes insinuations seront inutiles. A quoi servirait donc de m'observer, de me mordre les lèvres, de craindre qu'il ne m'arrive malheur, comme s'il s'agissait d'un héros rigide et taciturne? Ce n'est pas non plus un de ces jeunes Athéniens suffisants ou vaniteux, mais un homme aux allures franches et martiales, sur lequel glissent la flatterie et la médisance. Celui qui ne prête point l'oreille aux calomnies devient forcément l'ennemi des calomniateurs. Ne l'oublie pas.

LIX

Limentère à Amaset.

JE veux consulter un de ces devins dont les enseignes sont suspendues près du temple de Bacchus et qui prétendent expliquer les rêves. Il exigera sans doute les deux drachmes que tu m'as vues entre les mains. Qu'importe! Je tiens à lui raconter l'étrange apparition survenue pendant mon sommeil. En attendant, je puis bien confier à un ami ce prodige nouveau, qui dépasse l'imagination... Il m'a semblé, la nuit, être un bel adolescent; non pas le commun des mortels, mais Ganymède fils de Tros, l'aimable et séduisant Troyen. J'avais, ainsi

que lui, une houlette, une flûte, et la tête couverte de la tiare phrygienne : je faisais paître
mes troupeaux sur le mont Ida... Tout à coup,
j'aperçus voler vers moi un aigle gigantesque au
regard perçant, au bec crochu, aux ongles re-
courbés. A l'aide de ses larges serres, il m'enleva
du rocher où j'étais assis. Il me balança doucement dans les airs ; puis, d'une aile rapide,
m'approcha du séjour céleste. J'allais en toucher
les portes, confiées à la garde des Heures, lorsque,
frappé de la foudre, je tombai au milieu de
l'espace. Je ne fus plus alors porté par l'aigle
majestueux, descendu du ciel, mais par un horrible vautour, à l'odeur fétide ; je redevins aussitôt le pauvre Limentère, entièrement dépouillé
d'habits, comme pour le bain ou la palestre
Naturellement troublé d'une pareille chute, je
m'éveillai en sursaut... Maintenant encore je
suis saisi d'épouvante, en présence de cette
incroyable vision. C'est pourquoi je désire apprendre de ceux qui interprètent les songes, le
présage qu'il faut en tirer ; si toutefois quelqu'un
peut savoir ces sortes de choses avec certitude
et dire la vérité, dans le cas où il serait possible
d'y arriver.

LX

Cascobucès à Hypnotrapèze.

JE ne me suis guère arrêté à Corinthe. Quelques instants m'ont suffi pour y remarquer l'avarice des riches et la misère des pauvres. Il était midi : la population sortait du bain. Je vis des jeunes gens, d'une figure avenante et spirituelle, se diriger non pas vers d'opulentes demeures, mais vers le Cranion, où se tiennent habituellement les boulangers et les fruitières. Là, ils explorèrent le sol. L'un ramassait les cosses de lupin ; l'autre fouillait les écales de noix, pensant rencontrer des débris ; un troisième râclait avec ses ongles les écorces de grenade, pour y découvrir quelques grains ; d'autres, enfin, se précipitant sur des morceaux de pain, tombés à terre et déjà foulés aux pieds, les dévoraient avidement. Telle est l'entrée du Péloponèse. Voilà donc cette ville fameuse, située entre deux mers ! Elle a beau être magnifique, renfermer des délices de tous genres ; elle n'en possède pas moins de tristes habitants, grossiers et inhumains. Ils se vantent qu'Aphrodite, en quittant Cythère, choisit pour séjour l'Acrocorinthe. Ils veulent peut-être dire que Vénus y protége les femmes. Car chez eux, la divinité des hommes : c'est la Faim.

LXI

Hydrosphrante à Méridas.

Puissant Hercule ! combien j'ai eu de mal à nettoyer avec du nitre et du savon les affreuses taches de sauce, dont on m'inonda hier sans pitié. Je souffre encore moins de l'affront que de la nécessité qui m'oblige à le supporter. Moi, le fils du riche Anthémion d'Athènes et d'Axiothée, petite-fille de Mégaclès, me voir traité de la sorte ! Et par qui ? grands Dieux ! Par un Dosiade, issu d'un père obscur et d'une esclave de Scythie ou de Colchide, achetée au marché public, comme l'assurent des personnes respectables. Quelle humiliation ! Après avoir perdu mes biens, je devrais m'estimer heureux, dans l'état où je suis, de pouvoir rassasier mon estomac. Mais, Dosiade monte à la

tribune aux harangues, siége parmi les juges
de la ville, et tient les rênes du gouvernement.
Il préside aux destinées d'un peuple qui enchaîna
Miltiade, malgré son trophée de Marathon, et
bannit Aristide, à cause de ses vertus. Tout cela
m'exaspère. Il y a aussi une chose qui m'afflige
énormément : c'est la perte de mon nom. Mes
parents m'avaient donné celui de Polybe, en
signe de prospérité; ma fortune ayant changé,
les confrères m'ont choisi l'aimable sobriquet
d'*Hydrosphrante*.

LXII

Chidrolépise à Capyrosphrante.

JE vais te dire pourquoi les femmes de la
maison s'acharnent contre moi et pourquoi
cette vieille mégère m'apostrophait l'autre jour,
en criant : « Hors d'ici, bavard insupportable,
» puisse-t-il t'arriver malheur! » Il existe entre
elles un secret, tenu plus caché que les mystères d'Eleusis. Elles veulent qu'on l'ignore et
s'imaginent nous persuader qu'il n'y a rien.
Depuis longtemps je les ai devinées; de là leur

courroux. Elles ont beau faire, je connais toute
l'intrigue et j'en informerai bientôt le maître;
car je ne désire pas être moins reconnaissant
que les chiens, dont la voix avertit du danger
ceux qui les nourrissent. Un galant assiége le logis. C'est un jeune Eléen, un de ces enchanteurs
d'Olympie auxquels personne ne résiste. Il a si
bien séduit la femme du patron qu'elle lui envoie journellement des billets doux, des fleurs
desséchées, des fruits à moitié mordus... Les
indignes servantes prêtent les mains au manége; et particulièrement cette horrible vieille,
qu'on a coutume d'appeler dans la maison : *la
Sorcière,* parce qu'elle est capable de tout. Devant de pareils désordres, on ne saurait garder
le silence. J'agirai donc, non pas en parasite,
mais en ami; d'ailleurs, je tiens à me venger.
Il est évident que si la chose se découvre, les
confidentes seront mises aux fers, l'adultère
périra honteusement et l'épouse infidèle subira
la peine réservée à ses dérèglements. A moins
toutefois que Lysiclès ne soit plus accomodant
sur l'article que le bossu Poliagre, qui se contente de demander aux amants... le prix des
faveurs de sa femme.

LXIII

Philomagire à Pinacosponge.

QUELS infâmes projets méditent donc ces prostituées ennemies des Dieux, qui s'entendent avec la maîtresse, pendant que Phœdrias ne se doute de rien? L'excellent homme ignore qu'au bout de cinq mois de mariage sa petite femme est accouchée d'un garçon, et, qu'après l'avoir chargé de langes, de colliers et de signes de reconnaissance, les coquines l'ont remis à Asphalion, pour l'exposer au sommet du Parnès. J'ai cru devoir jusqu'ici tenir la chose cachée et je ne compte pas encore la révéler. Mais le silence nourrit la colère. Les drôlesses feront bien de ne plus m'offenser. Si elles continuent à m'appeler flatteur et parasite ou à m'accabler d'autres injures de leur façon, Phœdrias saura tout.

LXIV

Turdosynage à Ephallocytras.

CET imbécile de Criton, avec ses idées surannées, voulait voir son fils fréquenter les écoles de philosophie. Il a bien réussi. Parmi les sophistes du Pécile, il avait choisi un vieillard austère et morose pour diriger le jeune homme, lui enseigner les subtilités du langage et le rendre habile dans l'art de la controverse et de l'amphibologie. L'élève est devenu le portrait frappant du maître. Non content d'être imbu de ses doctrines, il s'applique encore à reproduire sa vie et sa conduite. Il a vu le précepteur, grave et farouche pendant la journée, gourmander les disciples; et, la nuit, couvert d'un manteau sombre, rôder autour des maisons de débauche; il l'imite à merveille. Voilà cinq jours qu'il est tombé amoureux d'une belle, au quartier du Céramique. Il raffole d'Acalanthis. Cette fille a justement pour moi des bontés, de l'attachement et même de l'amour. La preuve, c'est qu'elle résiste au galant malgré l'ardeur de ses désirs, en disant qu'elle ne peut s'abandonner à lui sans ma permission. Elle entend me laisser disposer entièrement de sa personne... O Vénus populaire, comble de prospérités une femme aussi précieuse, qui agit en amie et non pas en courtisane! Grâce à elle, je suis recherché, invité, choyé; on m'envoie des cadeaux de toutes parts. Si avec le temps j'arrive ainsi à la fortune, rien ne m'empêchera de changer la condition d'Acalanthis et de l'épouser, quand elle aura amassé une bonne dot au dépens du jeune fou. Je lui devrai bien cela. N'est-il pas juste d'associer à son existence celle qui vous fait vivre?

LXV

Misogniphe à Rigomaque.

LE vaisseau d'Istria, récemment arrivé sur nos côtes, est une véritable aubaine pour nous. Il a amené un illustre marchand, auprès duquel les riches et les prodigues d'Athènes paraissent avares et mesquins. Jamais on ne vit tant de faste, tant de générosité! Il ne s'est pas contenté d'engager un simple parasite; il nous a tous fait venir de la ville, en même temps que les plus célèbres hétaïres, les meilleures chanteuses et les principaux acteurs des différents théâtres. Il dépense non pas son patrimoine, mais le produit de ses spéculations; et, comme il aime la musique, les danses, les plaisirs, il entend consacrer son séjour aux Grâces et à Aphrodite. Ce bienveillant mortel possède une physionomie très agréable. Il est doué d'un visage plein de charmes, avec une bouche souriante, où semble reposer la Persuasion. Il brille également par l'esprit et l'éloquence. Enfin, pour tout dire :

Sur ses lèvres, la Muse a versé du nectar.

Je puis bien m'exprimer ainsi, à l'exemple des gens érudits. Ne suis-je point d'Athènes, la patrie des lettrés?

LXVI

Gamochéron à Phagodète.

Tu connais ce maudit barbier dont l'échoppe est vers la route, cette espèce de fou et de bavard qui vend des miroirs d'Abrotésius, qui apprivoise les corbeaux, qui attire la foule au bruit cadencé de ses rasoirs, en guise de cymbales. Il m'a joliment arrangé. J'ai eu le malheur d'aller le trouver pour lui confier mon menton. Après m'avoir reçu gracieusement, il m'installa au milieu d'un siége élevé, m'entoura le cou de linge propre et promena doucement sur mes joues son instrument tranchant. D'épaisses touffes tombèrent bientôt. Mais il agissait de ruse; car le fourbe, au lieu de me raser toute la figure, laissa, à mon insu, des endroits où la barbe était intacte tandis que la peau était lisse dans d'autres. Ignorant donc un pareil tour, j'allai comme de coutume chez Pasion, sans y être invité. A ma vue, les convives pouffèrent de rire. Je cherchais vainement le motif de leur hilarité, lorsque l'un d'eux s'avança vers moi et se mit à m'arracher plusieurs poils du visage. Saisi d'indignation, j'enlevai le reste avec un couteau, au risque de m'écorcher. J'ai bien envie maintenant de prendre un gros bâton et de le briser sur la tête du misérable barbier, pour le punir d'avoir osé faire une facétie, que peuvent seuls se permettre ceux qui vous nourrissent.

LXVII

Dipsophapausilype à Placontomion.

J'AI vu Neuris, la canéphore, cette vierge aux bras blancs et aux doigts roses, dont les yeux lancent l'éclair. Elle a la taille superbe, le teint charmant, les joues brillantes de pourpre. J'en perds l'esprit. Oubliant qui je suis, j'accours, dans l'intention d'embrasser sa bouche ; puis, revenant à moi, je voudrais m'attacher à ses pas, en baiser les traces. Fatale passion ! Je ne me contente plus de lupins, de fèves ou de gruau ; j'aspire à l'abondance, au plaisir, à des choses qu'il m'est impossible de posséder ! Réunissez-vous tous, lapidez-moi, avant que je ne succombe sous le poids de mes désirs. L'amas de vos pierres deviendra pour moi le tombeau de l'amour.

LXVIII

Hédydipne à Aristocorax.

GRANDS Dieux, soyez-moi toujours propices et bienveillants! Je cours tant de dangers. Ces maudits convives n'ont-ils pas voulu m'inonder avec une marmite d'eau bouillante? Mais j'ai aperçu leurs préparatifs; je me suis esquivé d'un bond. Ils versèrent sans regarder, et le liquide brûlant échauda Bathylle, notre échanson. Le pauvre esclave en devint chauve, après avoir eu la peau de la tête enlevée et la nuque couverte de pustules. Je l'ai échappé belle. A quelles divinités dois-je mon salut? C'est sûrement aux Dioscures sauveurs. De même qu'ils tirèrent anciennement Simonide, fils de Léoprepès, du banquet de Cranon, ils m'ont préservé cette fois d'un torrent de feu.

LXIX

Trichinosarax à Glossotrapèze.

J'ai instruit Mnésiloque de Péanée du scandale de sa femme. Au lieu d'examiner la chose et de se renseigner de différentes manières, il s'en est remis entièrement au serment de son épouse. Elle l'a conduit à Eleusis, au puits de Callichore. Là, elle a juré solennellement et s'est lavée de toute accusation criminelle. Persuadé en quelque sorte, le mari rejette ses soupçons. Il ne me reste plus qu'à livrer ma langue trop longue au premier qui voudra la couper avec un tesson de Ténédos.

LXX

Limustès à Thrasocydème.

Il y avait entre moi et le laboureur Corydon une certaine intimité. Souvent il me plaisantait; car il entendait à merveille la raillerie attique, ordinairement étrangère aux gens de la campagne. Dans cette situation, je crus devoir profiter d'une aubaine que semblait m'envoyer Mercure. Le moyen d'éviter les ennuis de la ville, c'était d'aller aux champs partager la vie d'un ami. Celui-ci, homme paisible et agriculteur laborieux, ne cherchait pas à se créer des ressources à l'aide de la chicane ou d'injustes procès; il attendait du sol la récolte de ses fruits. Je n'hésitai point. Je cultivai donc l'amitié de Corydon; j'adoptai les mœurs rustiques. Revêtu d'une peau de bête et armé d'un hoyau, j'eus bientôt la tournure d'un véritable paysan. Tant que je fis cela pour m'amuser, la chose me parut supportable; j'étais même heureux de ne plus être livré pendant les repas au caprice, aux insultes et aux coups des riches. Mais lorsque, par suite de l'habitude, le maître en vint à exiger du travail et qu'il fallut labourer, nettoyer les terres, creuser des rigoles, planter des arbres, l'existence devint intolérable; le repentir m'arriva et je regrettai la cité.

J'y retournai enfin après une assez longue absence. On ne m'y reçut pas comme autrefois, on ne trouva plus de charme à ma personne ; au contraire, j'avais l'air d'un montagnard farouche et absurde. Toutes les maisons opulentes se fermèrent devant moi et la faim frappa à la porte de mon estomac. Epuisé de besoin, je me suis réuni à d'honnêtes brigands mégariens, qui tendent leurs embuscades aux voyageurs, près des roches Scironides. Voilà comment je vis sans travailler. Pourrai-je toujours continuer ainsi ? Je l'ignore. J'appréhende une autre condition ; car les changements nous perdent quelquefois, au lieu de nous sauver.

LXXI

Philopore à Psichomaque.

Le poëte comique Lexiphane, me voyant maltraité dans les festins, m'a pris à part. Après m'avoir démontré que ma place n'était pas au milieu de réunions qui finissent toujours par des injures, il s'est vite informé de mes aptitudes et m'a ensuite reçu parmi ses acteurs, en m'assurant que je pourrais gagner ainsi de quoi vivre honnêtement. Il m'a donc chargé, pour les prochaines Dionysiaques, d'apprendre le rôle d'un esclave, d'en revêtir le costume et de remplir dignement ce personnage, dans sa nouvelle pièce. Les circonstances m'ayant amené bien tard à changer de caractère et d'habitudes, j'ai paru d'abord peu intelligent et même indocile. Mais, enfin, comme il n'était guère possible de faire autrement, j'y ai mis de la bonne volonté. Aujourd'hui, à force d'exercice, je suis prêt à débuter avec la troupe. Je compte sur tes applaudissements et ceux des amis, pour qu'on ne s'aperçoive de rien si je manque de mémoire. Il faut que la jeunesse n'ait point l'occasion de siffler ou de me huer, et qu'en cas de malheur vos suffrages couvrent le bruit des mécontents.

LXXII

Enochéron à Raphanocortase.

CEUX qui mutilèrent les Hermès ou divulguèrent les mystères de la déesse d'Eleusis n'ont pas été en danger de mort comme moi, grands Dieux, quand je suis tombé dans les mains de la cruelle Phanomaque. Ayant appris que son mari entretenait cette petite Ionienne qui jongle avec des boules ou fait tourner des lampes, elle me soupçonna aussitôt d'être l'entremetteur de l'intrigue. Saisi d'après ses ordres par des esclaves et mis aux fers, je fus conduit le lendemain chez son père, le farouche Cléanète, qui préside l'Aréopage et jouit de la plus haute considération parmi les juges. J'étais perdu! Mais, lorsque les Dieux veulent sauver un homme, ils le retirent même de l'abîme, comme ils m'ont arraché de la gueule du chien à trois têtes qui garde, dit-on, l'entrée du Tartare. A peine le terrible vieillard eut-il porté ma cause au tribunal, qu'il fut pris subitement par la fièvre. Il expira le matin. Le voilà maintenant étendu sans vie, et ses gens préparent les funérailles. Quant à moi, j'ai profité du désarroi pour m'enfuir à toutes jambes. Si je suis délivré, ce n'est point à l'aide de Mercure, mais de mon audace et de ma légèreté qui m'ont ouvert le chemin de la liberté.

Paris. — Impr. Ch. SCHILLER, 10, rue du Faubourg-Montmartre.

Original en couleur

NF Z 43-120-8

www.ingramcontent.com/pod-product-compliance
Lightning Source LLC
Chambersburg PA
CBHW072104090426

42739CB00012B/2859